加藤宣行の道徳授業

考え、議論する道徳に変える発問&板書の鉄則45

筑波大学附属小学校
加藤宣行 著

明治図書

はじめに

　昨年度,『考え,議論する道徳に変える指導の鉄則50』という拙著を執筆してから,多くの反響をいただきました。
　私はここ十年来,授業の軸足を子どもたちに据え,テーマに向かって子どもたちと真剣に向き合い,深く考え議論する授業スタイルで実践研究を続けてきました。そこからみえてきた成果を,全国の先生方と共有できたのであれば,それは望外の喜びです。ありがとうございました。
　ただ,前著は道徳授業を変えるための要素を全体的に網羅したので,語り尽くせないところもありました。やはり,もう一歩踏み込んでいきたいという思いはありました。読者の皆様からも,さらに詳しく知りたいというニーズを感じました。そのタイミングで,担当の茅野様から「続編を」との提案をいただき,『発問』と『板書』の工夫・改善に特化した内容で書かせていただくことになったのです。
　なんといっても「特別の教科　道徳」の授業をいかに実りあるものにするかという観点で言えば,この二つが一番直結する要素であると考えます。そして正にその二つこそが,私の最も意識して変えようとしているものなのです。
　また,「発問」には「問い返し」が,「板書」には「道徳ノート」が不可欠の連動要素であるため,その2点についても適宜盛り込みながら,実際の授業場面を想定しながら論を展開することにしました。
　本書の提案するスタイルは,「テーマ発問型」とか「深く考え議論する道徳授業スタイル」とか言われます。私は「道徳の壁（K）を扉（T）に変えてオープンする（O）」という意味で「KTO型」と呼ばせていただいております。このスタイルにチャレンジするときのステップは,次の二つです。
①まずは,発問と板書を変えてやってみる。
②子どもたちの反応を受けて,改善し,次の授業に生かす。
　まずはやってみないことにはそのよさも課題もみえてきません。恐らく,

海図を持たずに航海に望むような心境でしょう。けれど，そうやって初めて見えてくるもの，聞こえてくるものがあるでしょう。潮の流れ，雲の動き，風の向き，遠い山並み，太陽の位置・角度，船の調子，船員の様子等々。それらを常に把握しながら，適切な進路を選びます。そのときに必要なのは，事前に記された航行ルートだけでは不充分です。

　指導案も同じではないでしょうか。もちろん，指導の方向性を把握し，教師が指導性を発揮せねばならないときは機を逃さず手を加えることは大事です。けれど，あらかじめ考えたルートだけでは子どもたちはついてこないでしょう。こういうアプローチもある，こっちの方から攻めていったらどうなるだろう，といった幅があると，授業にも余裕が生まれます。そこから授業は動き始めます。実際，「板書を変えただけで子どもたちの反応が変わりました」という方もいらっしゃいます。「このスタイルの板書は，授業中に何が起きたかを一目で知ることができますね」という感想を言ってくださった先生もいます。

　そのように，授業改革のはじめの一歩を踏み出すためには，まずやってみることが大切です。はじめから子どもはこういうもの，授業はこうあるべきものと壁をつくっていたら，扉は開きません。

　そしてその「成果」（うまくいかなくてもそれを糧にできればそれは成果です）を次に生かしましょう。ちょっとしんどいですが，授業記録をとり，振り返ることで，授業中気づかなかったことに気づき，流れて忘れ去ってしまったかもしれない宝物を意識化し，次の授業に向けて技化することができるかもしれません。

　「特別の教科　道徳」本格実施に当たって，怖じ気づく必要もないし，一大決心もいりません。これでなければいけないというスタイルがあるわけではないのです。

　大切なのは「はじめの一歩」を踏み出すこと。
　ようこそ，新しい道徳の世界へ！

加藤　宣行

Contents

はじめに

1章 「考え，議論する道徳」に変える 発問＆板書

01　考え，議論する道徳のスタート
　　―完全実施に向けて― ……………………………………………… 8
02　発問を変えると授業が変わる！ …………………………………… 12
03　板書を変えると授業が変わる！ …………………………………… 16

2章 「考え，議論する道徳」に変える 発問＆板書の鉄則45

01　発問と質問の違いを意識する ……………………………………… 22
02　道徳授業の「問題」とは何かを理解する ………………………… 24
03　1時間のゴールを見据えて発問をつくる ………………………… 26
04　大きな問いで授業を構想する ……………………………………… 28
05　開かれた発問をつくる ……………………………………………… 30
06　知的好奇心を刺激する発問をつくる ……………………………… 32
07　子どもが考え出す窓口を与える発問をつくる …………………… 34
08　一般常識をひっくり返す発問をつくる …………………………… 36
09　教師提案型の発問をつくる ………………………………………… 38

10	児童主体型の発問を生かす………………………………………	40
11	児童主導型の発問を生かす………………………………………	42
12	「問い」を醸成させる ……………………………………………	44
13	多面的・多角的な思考を促す発問①構造的思考を意識する……	46
14	多面的・多角的な思考を促す発問②予定調和をひっくり返す…	48
15	多面的・多角的な思考を促す発問③知ったかぶりをしない……	50
16	多面的・多角的な思考を促す発問④板書と連動させる …………	52
17	多面的・多角的な思考を促す発問⑤「もし」を問う ……………	54
18	すべては「問い返し」で決まる …………………………………	56
19	問い返しのスキルアップ①引き出しを増やす …………………	58
20	問い返しのスキルアップ②適切なタイミングを見計らう ……	60
21	問い返しのスキルアップ③交流分析を生かす …………………	62
22	問い返しのスキルアップ④効果的な声かけをする ……………	64
23	問い返しのスキルアップ⑤究極の問い返しを行う ……………	66
24	自分自身とのかかわりを考える問いをする ……………………	68
25	自己評価能力を高める発問をする ………………………………	70
26	今後を展望する発問をする………………………………………	72
27	授業後も考え続ける発問をする …………………………………	74
28	要注意発問に留意する ……………………………………………	76
29	最終的な「問い」に進化させる …………………………………	78
30	板書の意識転換をする ……………………………………………	80
31	板書に必要な条件を考える………………………………………	82
32	子どもたちの思考のサポート板として活用する………………	84
33	黒板を子どもたちに明け渡す ……………………………………	86
34	構造的な板書をつくる ……………………………………………	88

35	板書の図式化を行う …	90
36	ノートと連動させる …	92
37	板書の「シメ」を考える …	94
38	評価につながる板書の見取りをする …	96
39	１年生の定番教材で発問と板書を構想する …	98
40	２年生の定番教材で発問と板書を構想する …	104
41	３年生の定番教材で発問と板書を構想する …	108
42	４年生の定番教材で発問と板書を構想する …	112
43	５年生の定番教材の発問と板書を構想する …	118
44	６年生の定番教材の発問と板書を構想する …	128
45	道徳の評価を考える …	138

1章

「考え，議論する道徳」に変える
発問&板書

01 考え，議論する道徳のスタート
―完全実施に向けて―

　いよいよ考え，議論する「特別の教科　道徳」のスタートです。完全実施に際して必要となるポイントの総点検をしましょう。

道徳教育を変える

　学習指導要領上では，今日的な問題に対応するため，内容項目に若干の補充や修正がありましたが，それはたいしたことではありません。重要なのは，よりよく生きようとする子どもたちをいかに育てるか，そのために道徳教育ができること，すべきことは何かをしっかりと考えることです。そのために，これまでの道徳教育の課題をきちんと受け止め，改善すべきは改善し，踏襲すべきは踏襲する，確固たる方向性をもつことです。

　子どもたちに，自らの心を豊かに育て，その心を拠り所として未来を切り拓いていく力をつけたい。言い方はいろいろでしょうが，子どもたちのよりよい成長を促す教育を行いたい。それができればいいのです。方法が問題ではないのです。

　けれど，現状はどうか。道徳の授業は子どもたちの心に響き，実生活によい影響を及ぼすようなものになっているでしょうか。実生活での体験が，道徳教育を通して意味づけられ，自覚的に価値判断することができる子どもを支える礎になっているでしょうか。

　今日的な課題は時代とともに移り変わります。それをなくすことはできません。けれど，それに立ち向かう豊かでたくましい心を育てることはできるはずです。現状，それができているでしょうか。対処療法的なその場限りの指導がなされていないでしょうか。私たちは，そのような問題点に，謙虚になおかつ真摯に向き合わなければいけないと思います。

教師が変わる

　そう考えたとき，授業レベルで何ができるかを，再度見つめ直さなければならないと考えます。自分の殻に閉じこもっている場合ではありません。
　どうしたら授業を変えることができるでしょう。
　ズバリ，発問と板書です。
　私は教員を目指す大学生にも教鞭を執っておりますが，彼らにこれからの道徳授業の方向性を示し，模擬授業をすることがあります。そのときの彼らの反応を紹介しましょう。

>　道徳は，決められた答え，先生の求める答えを考える場という印象が強くあったが，教師の発問次第で大きく質が変わり，厚みのある内容になると感じた。
>　質問の仕方，教材に入る前の導入，教師の価値観がしっかりしていないと，授業の質自体を高めることができないが，考えたら考えた分だけ，子どもから返ってくる考えや姿勢に変化が出てきそうなので，面白い授業だと思った。

子どもが変わる

　人を変えるためには，もちろん北風よりも太陽です。無理矢理押しつけても人はかたくなになるばかりです。けれど，北風も必要なときがありますし，太陽のようにぽかぽかと居心地がよい環境がベストとも限りません。北風を見つめて自分自身と重ねる謙虚さや，ぬるま湯のような居心地のよさをよしとしない向上心があり，それを認めてくれる他者がいてこそ，子どもたちは変わります。

　私は，道徳の授業を３年間受けて，考え方が，本当に変わった。

　親切や思いやり，勇気に誠実な心，仲間，友情，そして人生について，他にもたくさんのことを学んできた。研修授業でやった人生の授業では，これからの生き方を歴史上の人物から考えた。

　そして，楽しく生きるためには，夢という目標が必要で，自分の中に芯や軸がなければ目標を見つけることはできないことなど，これからの課題がたくさん見つかった。

　いろいろなことを考えていく頭や，広い視野を３年間で手に入れた。

　道徳の授業はなくても考えることはたくさんある。自分で探し考え，答えが見つからなくても考えることをやめずに中学へ進んでいきたいと思う。（６年女子）

授業が変わる

> 今までは,発表者が多くなるような発問を考えていた。道徳は一人で考えるものだという意識があり,学び合いはしていなかった。今まで何てつまらない道徳をやっていたんだろうと自分をふり返った。(教員)

　授業中に教師が発問したことに,元気よく子どもたちが反応し,手を挙げる光景は,誰にとってもほっと安心する瞬間でしょう。授業後の研究協議でも「子どもたちが活発に発言し,主体的に活動したよい授業でした」などと,授業評価の基準になることもあるでしょう。
　けれど,ただ発言が増えればよい授業かというと,そこには少々問題点があります。単に賑やかなだけで,話し合いが深まっていかないならば,思い切って子どもたちを「うっ」と詰まらせる返しをして,黙らせるという刺激も必要です。
　見栄えだけにとらわれず,子どもたちをホンモノの世界に導きましょう。
　いざ! 授業改革へ,はじめの一歩を踏み出しましょう!!

02 発問を変えると授業が変わる！

　例えば、「ないた赤おに」の物語で考えてみましょう。
　「この話の登場人物は誰でしょう」とか「旅に出た青おにの気持ちを考えましょう」といった類いは「質問」です。あらすじを問うことによって、子どもたちに場面背景やストーリーを確認させ、把握させるのが目的だからです。答えは教科書に書いてあります。
　次に、「なぜ」を問います。これも質問ですが、次につながる質問です。
　「赤おにと青おには友達でしょうか。それはなぜですか」
　この質問に対しての返答は、次の二つに類別されます。
① 「青おにの手紙に、『どこまでも君の友達』と書いてあるから」
② 「二人はお互いに相手のことを思っていて、いい友達だなと思ったから」
　あるいはもっとたくさん出るかもしれませんが、大きく二つに分けることができそうです。つまり、
①教科書に書いてあるから
②自分がそう思ったから
の二つです。違いはおわかりになりますか。
　簡単に言うと、主語が違うということです。
　教科書が言っているのか、自分の心が言っているのかということです。
　さらに、子どもたち自身の心を問います。
　「青おにの、いいなと思うところを三つ見つけてね」
　「あなたは赤おにと青おに、どちらと友達になりたいですか。それはなぜ？」
　この類いの発問は、即答できません。自分の価値観を問われるからです。そして、自ずと自分自身の生活体験を振り返ります。自分のことを考えなさいなどと言わなくても、自然に教材と自分とを重ねるのです。

このように，発問にはいくつかの種類があります。

これを次のような，Ａ・Ｂ・Ｃの三つのタイプに分けてみます（なお，本稿では，便宜上，前述の『質問』も発問の一つとして表記させていただきます）。

Ａ　登場人物の確認をする
このような発問は，閉じた発問と言えるでしょう。答えが決まっているからです。もちろん，そこから「いや，もっとあるよ」と広がることは可能ですが……。

Ｂ　「なぜ」を聞く
このような発問は，拡散する発問，問題意識を喚起する発問と言えるでしょう。「なぜ」を問われれば，その理由を考えざるを得ません。そのときに，「なぜ，自分はそのような理由を考えたのだろう」というように，自ずと自分の立ち位置を自問自答することになるからです。

Ｃ　子どもの思いを問う
このような発問は，熟考させる発問・自分事として考え込ませる発問と言うことができるでしょう。「あなたはどちらの人になりたいですか。それはなぜですか？」この類いの発問の場合，拠り所は教科書の言葉ではなく，子ども自身です。

Ａは言葉を拠り所にする発問，Ｂは根拠を拠り所にする発問，Ｃは学習者自身を拠り所にする発問です。

同じ場面を扱っても，子どもたちの思考は発問によってまったく異なってきます。本書は，基本的にＣのスタイルに重きを置いて，その発問の特徴を紹介します。

Ｃのスタイルは，一般的にテーマ発問型と言われるものに近く，私はさらに「子どもと教師がつくる，Ｋ（壁を）Ｔ（扉に変えて）Ｏ（オープンする）」という意味でＫＴＯスタイルと呼ばせていただいています。

ＫＴＯスタイルは,「一期一会」の道徳授業という意味もあります。どういうことかというと,目の前の子どもたちと,そこに立つ授業者が,その場でしかなしえない授業という意味です。教材が同じでも,子どもが変われば授業は変わります。子どもが同じでも,指導者が変われば授業は変わります。たとえ教材も子どもも指導者が同じでも,授業を行うタイミングが違えば,展開も自ずと変わったものになるかもしれません。

　このように,授業はその場の様々な要因によって,指導計画から大きく変わります。けれど,それは行き当たりばったりの何でもよい授業ではありません。山登りと同じです。目指す方向性はしっかりと見据えながら,どの道を歩み,何を大切にするかは学習者次第なのです。

　このような授業をすると,当然のことながら板書も変わります。というか,板書を変えないとその展開に添わないものになってしまいます。また,板書というのは単なる記録板ではないので,1回1回できあがりが違う,1つの作品として仕上げるくらいの心持ちが必要です。

　同じ教材を使っても,子どもが違えば板書は違ってきます。子どもたちと授業を創る過程で,板書もリアルタイムに仕上げていくという発想にシフトチェンジしましょう。

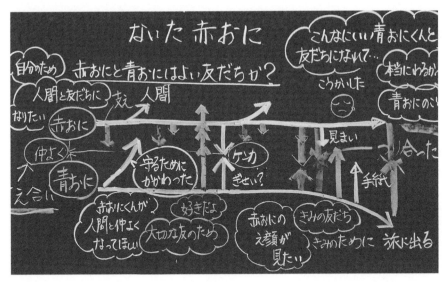

板書に，文字言語だけでなく，記号や図という「別の文字」を入れたり，色分けをしたり，子どもたちに書き込ませたりすることで，学習者にやさしい黒板となります。

できあがった板書は，第三者にとっては「これは何？」という印象かもしれませんが，本人たちにとってはかけがえのない宝物になります。

03 板書を変えると授業が変わる！

　授業を変えるためには発問を変えることが必要です。そして，発問を変えると板書も自ずと変わってくるという話を前節でさせていただきました。板書は発問と連動しているからです。発問スタイルを大きく変える「子どもと教師協同型」授業では，板書が変わるのは自然の流れなのです。

　それは，従来の板書のイメージを大きく変えるものであり，先生方も変える勇気をもつ必要があるかもしれません。発問スタイルを変えることに連動して板書が変わるべき要素は次の３点です。

①横書き
②図式化・視覚化
③参加型

　では，それぞれについて説明していきましょう。

横書き

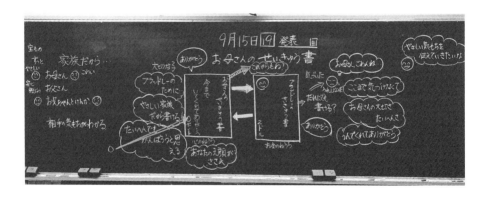

Cの授業スタイル（1章の02を参照してください）の特徴は，場面ごとの登場人物の心情を追うスタイルではなく，全体を俯瞰した上で，登場人物の行為の意味や，その変容を起こした根源を問い，考えることが多いことです。基本的に「細切れ提示」をせずに，はじめから全体を提示します。ですから，黒板に「はじめ―なか―おわり」というような，ストーリーを意識した書き方をします。「それだったら国語の展開と同じでは？」と言われそうですが，国語はあくまでも教材中の言語を重視して展開しますから，教材の書き方に準ずるのです。道徳の場合は，教材の中の言語というより，その言語を生んでいるものは何かという，教材に書かれていない世界を相手にするので，子どもたちの気づき次第でどんどん内容がふくれあがります。そこに板書を連動させるので，自ずと板書も過去や未来のベクトルを含めた広がりが期待されます。そうなると，横書きで左から右へ展開していく書き方の方がなじむのです。別に，授業を変え，発問を変え，板書も変えなければいけないから，単純に従来のスタイルと型を変えているというわけではないのです。

図式化・視覚化

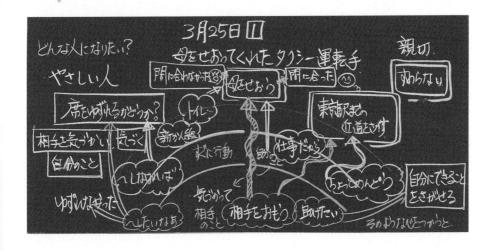

図式化したり，視覚化したりするメリットは，対比の対象を明確に示すことができ，ポイントを焦点化しやすくなるということです。例えば，「二わのことり」で，「やまがらの家に行って『よかった』と思っているみそさざいの気持ちを考えましょう」と聞くよりも，「うぐいすの家にも『来てよかった』がありますね。両方の家に『よかった』があるけれど，その違いはなんでしょう」と聞いた方が，子どもたちはその場面の特徴をより明確に意識できることでしょう。板書の図式化は低学年の専売特許ではありません。中学年も高学年も，大人でさえわかりやすい考え方の手法です。

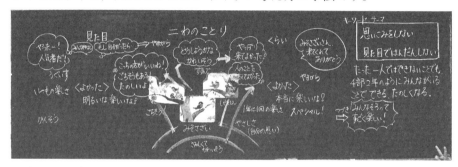

　また，図式化してあると，子どもたちに聞きやすいというメリットもあります。例えば「この矢印とこちらの矢印には，どんな違いがありますか。ノートに描き，まとまったら黒板に出て描いてみてください」このように投げかけます。時に言葉でくどくど言うよりも，子どもの心にズバッと語りかけるものになります。

　また，抽象的な言語活動が苦手な子どもにとっても，視覚的に理解しやすく，いつも以上のパフォーマンスを発揮してくれる子が登場する場面が少なからず見受けられるのも，このスタイルの特徴の一つです。

参加型

　従来の黒板は，綿密な板書計画のもとに構想されたもので，子どもたちが手を加えるような要素は少なかったのではないでしょうか。特に道徳の授業

の場合，他の教科に比べて子どもたちが黒板に出て書いたり，説明したりする場面はほとんどないでしょう。もっと黒板を子どもたちに開放すべきです。

黒板は必要な学習内容を記録する記録板であることは確かですが，それ以外にも試行錯誤する作業台であり，子どもたちの発想を広げるイメージボードであり，子ども同士の交流の場であり，挙手して発言することが苦手な子どもたちにとっては新たな発言の場でもあります。このように，様々な可能性を秘めた黒板を見直し，活用しない手はないでしょう。

2章

「考え,議論する道徳」に変える
発問&板書の鉄則45

01 発問と質問の違いを意識する

「質問」と「発問」の違いって考えたことはありますか？
そもそも違いがあるのかも疑問かも!?
これを意識して使い分けることで，授業は変わります。

発問の意味・意図を意識しましょう

「質問」は「問いを質（ただ）す」わけですから，あらかじめ想定される「答え」があり，それに導くという意味があります。つまり，「答え」に到達することが目的とも言うことができます。

それに対して「発問」は「問いを発する」わけですから，問い自体が目的化することになります。もちろん，最終的には当初自分が知り得なかった知見や道徳性を得ることがねらいですから，目指す方向はありますが，それがあらかじめ用意された答えではないということです。

例えば，「かぼちゃのつる」の物語で考えてみましょう。

「この話の登場人物は誰でしょう」とか「トラックにつるを切られてしまったときのかぼちゃさんはどんなことを言ったでしょう」といったものは「質問」です。あらすじを問いただすことによって，子どもたちに場面背景やストーリーを確認させ，把握させるのが目的だからです。

「痛いよ，すいかさんの言うことを聞いておけばよかった」

答えは教科書に書いてありますから，子どもたちは元気に発言してくれることでしょう。

では，次のような「投げかけ」は「質問」でしょうか，それとも「発問」

でしょうか。
「かぼちゃさんはこの後どんなことを考えたでしょうか」。
「なんでトラックは止まってくれないのかな。ひどいなあ」
この反応は，本時の学習の趣旨から外れますね。
「わがままかってしなければよかった。これからは気をつけよう」
これは，本時のねらいに合致しますが，いかにも答えているという印象です。結論から言うと，上の両方とも思考のフィルターを通していないという点で，深く考える「発問」とは言えません。考えなくても答えられるからです。

問いの質を変化させるポイント

では，どうしたらよいのでしょうか。
何より重要なのは「行為」とそれを生む「心」とをつなぐことです。「行為」は教材に書いてありますが，「心」は書いていません。「見えない（書いていない）ものを見せる」という観点が必要です。例えば，
「ツルを切られたくないからお行儀よくなったかぼちゃと，自分からお行儀よくしているスイカは同じですか」
などが考えられます。
ちょっと難しい発問になりますが，慣れてくると子どもたちは予想以上の反応をし始めます。それが面白いのです。

ポイント

- 深く考えさせる発問にするための要素は，
 「書いていないことに気づかせる」
 「目に見える行為行動とそれを生む心をセットで考えさせる」
 ことです。
- 質問と発問の使い分けを心がけて授業に臨んでみましょう。

02 道徳授業の「問題」とは何かを理解する

「問題解決的な学習スタイル」が,特別の教科 道徳の授業モデルとして挙げられています。
そもそも「問題解決」の「問題」ってどう考えたらいいのでしょうか。

問題の所在

　問題や課題と言われるものには,受動的なものと能動的なものがあります。一般的には,課題は課せられた(与えられた)命題,問題は自ら生み出した命題という印象を受けます。課題解決というと,何か宿題を仕上げるというイメージですね。

　つまり,問題解決的というのは,与えられた課題を前にして,みんなでわいわいがやがや議論し合いながら結論を導くという展開とは少し違うポイントがありそうです。

　問題解決的な学習時における「問題」とは,教師が与えた問題を解くというイメージではなく,子どもの問題意識に根ざしたものであるべきです。もちろん,はじめは教師が,問題場面なり,疑問点を提示することもあるでしょう。けれど,その教師の提起した問題をもとに,子どもたち自身が考え始め,自分たちの問題意識とのすりあわせが行われるような展開が理想です。そのように,子どもたちに「言われてみれば,考えたこともなかったな。みんなで話し合いたい」「そうそう,それが疑問だった。これをきっかけに考えたい」と思わせることができたらしめたものです。

問題解決的な学習の場合，考えたいと思う問題自体を見出すことができたら，その問題の半分は解決していると言われますが，確かに構えなり見通しなりができているという時点で，解決に向かい始めていると言えるのかもしれません。

問題解決的な学習の問題設定のポイント

　子どもたちに「これを考えたい」と思わせられるような問題にするために必要なことは，何と言っても子どもたちの問題意識をリサーチしておくことです。そのためには，日常の子どもたちの様子を見ていく必要があります。例えば，休み時間に一緒に遊んで友達とのかかわり方や，授業中には見せないような態度を見取っておく。日記や道徳ノートに自分の想いを書くことを自然にできるようにしておき，それらの記述から必要と思われる部分をコピーしておくなどです。

　そのようなリサーチの結果，全体として問題にしたいことをピックアップしておきます。個人レベルでのちょっとした疑問でも，それをきっかけに全体で考えるテーマとすることもできます。

　テーマが決まれば，それに向かう発問は多種多様に思い浮かぶでしょう。テーマと発問は違います。テーマは抽象的なものであり，発問は具体的なものであるべきです。例えば，「友達とはどういうものか」がテーマであり，それを明らかにするための発問は「うそをついても友達と言えるのか」となります。

ポイント

- 「課題」や「発問」は教師サイドのもの，それに対して「問題」や「問い」は子どもサイドからわき起こってくるものという認識をもちましょう。
- 問題解決的な学習の展開をするときは，いかに授業の中で，教師側から子ども側へスムーズに移行できるかを留意するとよいでしょう。

03　1時間のゴールを見据えて発問をつくる

「答えはない」と言われる道徳授業。では，学習活動として何をねらうのでしょうか。
「何を言ってもいい」「みんな違ってみんないい」のでしょうか。

ゴールフリーではない

　道徳の教材は最後に答え（結末）が書いてあって，最後まで読ませると展開を読まれてしまうから切って提示するとか，オープンエンドのものを選ぶとかいう工夫がされています。
　最後に書かれている（書かれるであろう）ことを言い当ててよしとする（ゴールとする）ような展開ならば，隠す必要もあるでしょう。けれど，そもそも最後に書かれていることがゴールという考え方自体がおかしいのではないでしょうか。
　ここはひとつ，前提を覆し，次のように考えてみましょう。
・全員が「右向け右！」の大号令よろしく，一律にたどり着くゴールはあり得ない。
・教材に書かれていない（書きようがない）本質的な価値観を見つけさせ，再構築させることをねらいとする。
・ゴールするのが目的ではなく，ゴールを目指す態度や意欲を再認識し，共有するのが目的である。

目指す方向を共有する

　一般的なゴールに向かって全員を同じ場所に着地させなければならないと考えていると指導者もきついですが，着地点は個々人バラバラでよいとなったら，いくぶん気が楽になるのではないでしょうか。けれど，それはもちろん，どこへ行ってもよいということではありません。

　向かうべきゴールはちゃんとあるのですが，そのゴールは１点ではなく，線でつながっているイメージと考えればよいでしょう。

　公立の小学校で，「希望と勇気，努力と強い意志」の飛び込み授業をしたときのことです。２年生の一人の男子が，「あきらめないというのは，できることをやって満足するだけでなく，そこから他にできることを探してもっとがんばること」という発言をしました。そのとき，私は「ああそうか！」と思いました。あきらめないというのは，普通は「途中でやめないでがんばる」という意味合いで使われますよね。でも「それだけではないんだ」と私自身が学んだ瞬間でした。このように，「あきらめないでがんばる」ということだけに関しても，答えは一つではないのです。「答えは一つ」「これが正しい」「こう考えるのがよい」と思っているうちは，他の答えは見えてこないかもしれませんね。多面的・多角的なものの見方をするためには，方法論云々よりも，何よりも心構えが大切です。子どもたちをどう見るかも同じではないでしょうか。「この子はこういう子」というように枠を狭め，先入観をもって見たら，見えるものも見えなくなります。もったいない話です。

ポイント

- オープンエンド，ゴールフリーと言われますが，それを隠れ蓑にして「やりっぱなしで終わりでよし」とはしないようにしましょう。
- 何を学んだか，今日の学びのくくりどころはどこか，ということは，子どもの言葉でまとめましょう。そのまとめる言葉は十人十色でいいでしょう。

04 大きな問いで授業を構想する

一つ大きな問いを中心に据えることで,余分な発問が必要なくなることがあります。

一つの問いで授業を通す

　公立の小学校教員時代,登場人物の気持ちを聞きながらあらすじを把握し,共感的理解を図る,いわゆる心情道徳をしたときがあります。何を聞いても同じような反応しか返ってこないばかりか,そこに時間をとられてしまい,いざ本質的な部分を話し合いたいと思ったときには時間切れ,という体験を幾度かしました。そこで,発問を一つにして,その中で場面が把握でき,登場人物の心情にもふれ,さらに深く本質を考えさせるための時間確保ができないものかと考えました。
　それが私の「大きな問い」に向かう原点です。
　「あらかじめあらすじを押さえないと,子どもたちは登場人物の心情を理解できない。理解できなければ授業はできない」
　そう思っていませんか？　実はそうでもないようです。あらすじを押さえなくても,子どもたちが自分から登場人物たちの関係性や気持ちを汲み取り,それどころか書いていない人物の背景やこれからのことまで考え始める。そのような発問があるのです。

段取り発問と本質発問

　読み取り中心の授業は，あらかじめ教材文の内容を押さえていないと話し合いが進みません。当然のことながら，登場人物の把握だとか，人間関係等状況の押さえが必要になります。授業もそれらをいちいち確認しながら展開します。それを教師が問い子どもが挙手して答える。これが段取り発問です。

　本質的なものをいきなりズドンと問う発問は，登場人物がそのような行為行動をとるに至った経緯や，変容を起こした大本（おおもと）の心を聞きます。すると，子どもたちは「はじめは△△だった主人公の気持ちが，○○というように変わった。それはここでこういうことがあったから」というように，自然に展開を把握しながら説明を始めます。つまり，子どもたちは段取らなくてもちゃんと押さえるべきは押さえながら話し合いを進めることができるのです。

　それどころが，「先生，書いていないけれど，きっとこのときこの人は，こういうこともしたんじゃないかな」「終わったあと，きっとこういう気持ちになったと思う」「もし，ここでこういうことをしなかったらどういうことを言っていただろうか」と，教科書に書いていない世界に足を踏み入れ始めます。これも，読み物中心の段取り発問からは引き出せない子どもたちの発言でしょう。

　このように，本質の大きな部分を問うことになるので，このタイプの発問は「テーマ」を設定し，それに向かって考えていくという意味で，「テーマ発問型」と呼ばれることがあります。

ポイント

- 段取り発問から本質発問へ。発問を乱発せず，この1点に時間も神経も集中させるような発問を考えましょう。
- ストーリーを追う発問をしなくても，いきなり深層に迫る発問はできます。

05 開かれた発問をつくる

指導という性質上,ねらいに向かってどんどん収束し,まとまっていく発問が理想のように思いませんか? けれど,それは考えものです。

多面的・多角的意見交流のメリットを生かす

　発問は大きく分けて,どんどん閉じていくものと,逆にどんどん開かれていくものがあります。学習である以上,当然のことながらねらいに向かってまとまっていく発問がよいように思いますよね。

　もちろん,子どもたちが自らまとめていくような展開であったらよいかもしれません。けれど,教師の都合で敷いたレールの上を歩かせてひとりにまとめていくような展開であったら,どうでしょう。それはどんなにきれいな言葉,優しい雰囲気で行われたとしても,強制的と言えないでしょうか。

　では,どうしたら子どもたちが自然にまとめていくような展開にできるかといったとき,一つの打開策として「多様な意見を好き勝手に言わせる」という展開もありだと思います。

　というのは,ある一定方向の意見だけで移行する話し合いの場合,どうしても予定調和的な思考が働いてしまいがちですが,多面的・多角的な意見が飛び交う場合,人は納得した上で自らの着地点を探し始めるものだからです。

人間の修復能力を信じる

　道徳的価値には一般的な見解があり，考えなくてもそれに従えばよいという社会通念とつながっていることが多く，それが邪魔になることがあります。「うそをつくと信用されない」というのは一般的な常識ですが，好むと好まざるとにかかわらず人間誰だってうそをつきます。うそを認めない立場で話し合いを進めるのと，うそをつく人間を認めた上で議論するのとでは，着地点が違ってくるでしょう。そして，往々にして前者は「知っているつもり」「当たり前の常識」「きれいごと」として収束してしまいがちです。それに対して，後者は多種多様な意見が出て，一見拡散して終わってしまうように見えて，「うそをつく，つかない」ではなく「どんな心でうそをつくかが問題」というように，両者を鑑みながら落ち着きどころを探し，収束させようとする力が働くものです。

　これが，人間に兼ね備わっている「よき心に基づく修復能力」だと思います。孟子の言う性善説はこの心に通ずると思いますが，これは人間のよりよく生きたいという心を信じるという教育観につながるのではないでしょうか。

　子どもたちに「仕事をしたときの気持ちは」と聞けば，大概「すっきりする」などと，よい言葉が返ってきますが，それだけでは一面的です。ですから，もっと多様な意見を出させるために開かれた発問をするのです。

　例えば，「仕事をするのは面倒くさいことがあるね。いっそのこと誰かに任せてやらないようにできれば最高かな？」というように。

ポイント

・人のもつ，「よりよくありたい」という心を信じましょう。
・全体を通してテーマとなり得るような大きな発問をしましょう。
・一面的な発言が続いたら，別の観点からの問いをぶつけましょう。
・それぞれ意見は違えども，「根本の共通点は同じ」を探しましょう。

06 知的好奇心を刺激する発問をつくる

これで授業が決まる,子どもたちを前のめりにさせる一投！
知的好奇心を高める発問を工夫しましょう。

クイズではない面白さ

クイズ番組でよくあるような,知っている,知らないの「問題」は,知識勝負ですから,一度知ってしまえばそれでおしまい。例えば,

> 「右」と「左」の筆順は同じか違うか

という「問題」。

答えは「違う」。それを引き出しておいて,「では,どう違うでしょう」と投げかけて,右は「ノ」が先,左は「一」が先と説明すれば,できあがり。この指導は,知らないことを知ることができたという興味関心をもとに学習が成り立っています。1回限定の授業です。

これに対して,道徳の知的好奇心をくすぐる発問は,何度でも問い返すことができます。例えば,

> 100%信じられる友達が親友か

という問題。親友ならば，どんなときでも無条件に信じるものだと思いますよね。けれど，

> では，友達が間違っていると思うときでも，友達を信じて相手の言う通りにしてあげるのが親友なのか

と問われれば，必ずしもそうではないのではないか。となりませんか？
　それを具体的な教材で考えるように導けば，たちまち効果的な導入のできあがりです。しかも，子どもたちは問題意識をもって授業に臨みますから，主体的で対話的な質の高い学びとなること請け合いです。

具体的な発問例

①テーマ　親友なら100％信じられる？
【教材名】「ロレンゾの友達」
・ロレンゾの友達は誰が一番親友としてふさわしいか。それはなぜか。
・アンドレは無条件にロレンゾを信じ，逃がそうとしている。彼が一番の親友にふさわしいか。そう思わないのであれば，それはなぜか。
【教材名】「絵はがきと切手」
・お母さんとお兄さん，どちらの言っていることが友達として正しいと思うか。それはなぜか。
・友達を信じるということは，この話の中のどこにあるか。

ポイント

・「知りたい」と思う気持ちを利用しましょう。
・道徳的な「知りたい」は，既存の知識の獲得ということではありません。
・「知っているつもり」から「全くわかっていなかった」という自覚に至ったときに，はじめて知的好奇心は動き出します。

07 子どもが考え出す窓口を与える発問をつくる

導入で,本時の方向性を決定づける一撃を与える発問を考えましょう!

子どもたちは勝手に考え始めない

　大人でもそうでしょうが,人はよほど問題意識をもって物事を見ていないと,はたと考え始めることはまずないでしょう。それと同様に,子どもたちが授業で扱う教材を読んだだけで,「おや,これはどういうことだろう,ちょっと考えてみたいな」「他の人はどう思っているのだろう,話し合ってみたい」などと考え始め,動き出すことは少ないでしょう。ましてや授業前から「今日の授業でこれを明らかにするぞ!」などという勇ましい意気込みをもって授業に臨むなどということはまずないのではないでしょうか。

　ですから,読むだけでこのような活動が自然に始まるような教材はよい教材と言えると思います。けれど,なかなかそのような教材はないでしょう。あったとしても一人で考えていては堂々巡りです。

　学級の子どもたち一人ひとりの意見の交流から新たな問いが生まれてくることも期待しながら,授業の導入で本時の流れを決める一撃としての発問が重要でしょう。

> 問題！

【問題１】 次の三つの中で，一番「親切」だと思うものはどれでしょう？
①重そうな荷物を持っているお年寄りがいたから代わりに持ってあげた。
②友達が宿題を教えてと頼んできたけれど教えてあげなかった。
③お母さんが手伝ってと言ってきたから手伝った。

　さて，子どもたちは何と答えるでしょう。
　ちなみに，みなさんは即答できますか？
　「ちょっと待って……」「質問していいですか？」「そもそも一番は決められないかもしれない」等々，ちょっと待った発言が続出しそうです。
　そして次に，
　「そもそも，人に親切にするってどういうことなんだろう」「何かをすればいいってわけでもなさそうだ」
と，新たな「疑問」がわいてくるのでは？
　それが本当の「問い」であり，「問題意識」です。

【問題２】 いろいろな人とうまくやっていくためにどうしたらいい？
・人のいいところを見る
・違う面を見る
　子どもたちはこんなことを言います。それで，次のように問い返します。
　「欠点は我慢していいところだけ見てうまく合わせればいいってこと？」
とたんに，「う〜ん……」となるでしょう。
　そこからが授業の本番です！

> **ポイント**
> ・教師の発問はあくまでもきっかけです。
> ・クイズ形式でいってみるのも一案です！
> ・子どもたちの切実な問いを先取りして提示しましょう！

08 一般常識をひっくり返す発問をつくる

概念崩し（一般常識をひっくり返す発問）をすると，とたんに意識が活性化されます。

ありのママ＝ワガママ !?

「世界にたった一人の，ありのままの自分を大切にする」など，一般的に当たり前と思われる，他者から「委譲された」価値観は，容易に崩すことができます。この「こういうもの」「そういうふうに言われてきた」というような外づけの理論は，自分の思考フィルターを通した理由づけがないからです。試しに「なぜ」と聞いてみましょう。恐らく「みんながそう言っている」「歌にある」「考えたこともなかった」くらいの返答が関の山でしょう。

そこで，次のように問いかけます。

「ありのままの自分でいいのか，いけないのか」

これが教師から提案するテーマです。

「いいような気もするけれど，ホントにそうなのかな？」

「なぜ？」

「だって，じゃあ，ワガママな女王様は一生ワガママでいいわけ？」

「それがありのママ??」

教材を通して考える

「う〜ん」となったところで，教材を通して考えさせます。

「わたしたちの道徳」の小学校3・4年版に載っている,「うれしく思えた日から」で考えてみましょう。何事も人より覚えが悪く,苦手意識がたくさんあった「ぼく」が,一つの特技を認められたことをきっかけに,1年後に見違えるようになるという話です。教材の中には「1年前のぼくじゃない」という言葉があります。

　「『1年前のぼくじゃない』ということは,自分ではなくなったのですね。ありのままの自分はいなくなってしまったということかな？」と投げかけます。子どもたちはとたんに「え～!?」となります。ここで重要なことは,「え～!?」となったあとです。「ああ,確かにそうだね。ダメな自分を捨てて,別の自分に生まれ変わればいいんだ」では意味がありません。ここで問われるのは,自己修復能力,耐性,レジリエンスと言われるものです。

　「あれ？　確かに説明がつかないぞ」「どうやって考えたらいいのだろう」というように,子どもたち自身が自ら考え始め,自分たちの言葉で既成概念（価値観）を再構築し始めることが大切です。そこから見えてきた「わかった！」が道徳における納得解ですね。下は4年生のOさんの道徳ノートの記述です。

> 　最初は,努力していればいい,いい努力ならいい,と思っていて,加藤先生の「長い時間やっていれば,それでいいのかな？」という質問にも,ただ首をふることしかできませんでした。でも……

ポイント

・「知っているつもり,わかっているつもり」だった名言をいったんひっくり返し,再構築させましょう。
・「なぜ」「だって」を効果的に使いましょう。
・子どもの「なんとか自分の力で解き明かしたい」という意地をくすぐりましょう。

09 教師提案型の発問をつくる

ここでは教師提案型の導入の発問について話したいと思います。
本時の方向づけをするような発問,子どもたちの問題意識を引き出すような発問。どれも子どもたちの心の扉をノックするような発問を心掛けたいですね。

導入時の発問

導入時の発問には三つの役割があります。
①考える観点を示す
②問題意識を喚起する
③本時のゴール設定をする

①子どもたちは,はじめは受け身です。「これを明らかにするために授業を受けるぞ」などと意気込んで参加している子どもはいないでしょう。だからこそ,「これを通して考えたい」という観点を示し,意識させることが大切です。
②意識させたら,それについて自分はまるでわかっていなかったということを認識させる必要があります。いわゆる概念崩しです。概念を崩された子どもたちは再構築を図ります。
③子どもたちが本時の授業を通して何に気づいたらよしとするかをその場で把握し,あらかじめ予想していたゴール設定とのズレを修正します。
このように,導入時の発問は,本時を方向づける大切なものです。

具体的な発問

①考える観点を示す発問

「友達だから……」のあとに言葉をつけ足してごらん。と投げかけます。友達とはどういうものかと問いかけるよりも，子どもたちは生活レベルで具体的に答えることができます。そして，友達って何だろうと考えながら教材を読んだり，話し合いに参加したりできます。

②問題意識を喚起する

詩人の星野富弘さんが「いのちより大切なものがあると知った日，生きているのが嬉しかった」という詩を書いています。これは結構示唆的な言葉です。額面通りに受け取れないものですが，子どもたちに「いのちより大切なものってあるのだろうか」と問題提起することができます。

③本時のゴール設定をする

よい挨拶ってどんなもの？　と聞くと，子どもたちは，

・大きな声で　・笑顔で　・心がこもった

などと，口々に答えてくれることでしょう。それらの反応によって，例えば「笑顔でなくても心がこもっているものと，満面の笑顔でも儀礼的なものではどちらがよいか」などという返しを考えます。そして，それに答えられるようにすることを本時のゴール設定とすることで，生きた授業となります。

ポイント

・教師が子どもたちの「考えたいスイッチ」を押してやるために，自分自身の「おや？」を見つけるアンテナを張っておきましょう。
・もちろん「おや？」で終わってしまってはいけません。
・「おや？」のあと，「そうか！」「それいいなあ！」につながるようなストーリーを考えましょう。

10 児童主体型の発問を生かす

きっかけは教師がつくるとしても,最終的には子どもたちの「問い」にしたいですね。
もちろん,個別の問いも大事にしながら,全体の共通項にまとめあげる作業も必要です。

個別の問題意識

　子どもたちにとって,教師の投げかけに対してただの「イエスマン」を演じることが道徳の目的ではありません。それでは指示待ち人間になってしまい,本来実生活で生きて働くべき道徳性を養うことはできないでしょう。
　「え？　どういうことだろう」
　「例えば,自分の生活に当てはめてみたら……」
と考え始め,
　「先生が言ったことは少し違う気がする」
というように,当たり前を見直す「耐性」が身についてきます。
　これは,人の話を聞かないということではありません。「どうですか？」「いいです！」という形ばかりのなれあいよりも,よほど人の話を聞いています。だって,聞かなかったら突っ込みも反論もできませんから。
　そして,そのような思考パターンを身につけた子どもたちは,道徳の時間に考えることで,自分たちの実生活に生かすことができることに気づきます。そのような子どもたちは,「問題提起」を自らするようになります。

個の問題意識から全体の問題へ

「親切な人は、親切を変えられる人」

これは私の担任した４年生のＦ君の授業中の発言です。親切、思いやりの授業をしたときの、開始10分ほどのタイミングでの発言です。導入で「親切な人はどういう人か」について話し合い、ひとしきり意見交流が終わった頃のことでした。一瞬、教室がしんと静まりました。私はこのＦ君の発言が、本時のねらいに向かう本質的で重要な問いになると考えましたが、Ｆ君や、それを聞いた他の子どもたちの真意を図りかねたので、「どういうことですか？」と他の子どもたちに聞いてみました。すると案の定「よくわからない」とのこと。すかさず黒板の真ん中に書き、「今日はこれについて考えよう」と投げかけました。個人の問題意識を全体の共通課題にしたのです。

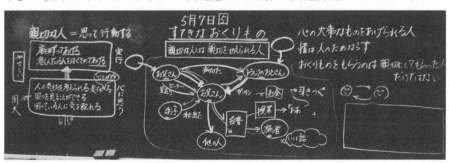

展開がどうなったかは、またの機会に……もちろん、「Ｆ君の言った意味がわかりました」という子どもたちが多く出ましたよ。

ポイント

・子どもたちの問題意識を授業全体のテーマにしましょう。
・一人ひとりのつぶやきをキャッチし、取り上げられるようにしましょう。
・つぶやきたくなるような問いかけを工夫しましょう。
・つぶやきをつぶさない学級文化を創りましょう。

11 児童主導型の発問を生かす

最終的に，子どもたちが「先生，このことについて話し合いたい」と言ってくれるようになったら，しめたものです。

「主導権を握った」子どもの姿

①低学年
「先生，友達と仲良くしたいんだけど，うまくできない。道徳で話し合いをさせて」

②中学年
「先生，お年寄りに席をゆずったら，断られちゃった。道徳で考えたことは間違っていたのかな。こういうときってどうしたらいい（どうしたらよかった）のかなあ」

③高学年
「正義というものをいとも簡単に言っているけれど，ちゃんと学ぶ時間をください。そうしないとうすっぺらい正義になってしまう気がするから」

道徳の時間に考えることで，自分たちの実生活に生かすことができると知った子どもたちは，このような「問題提起」を自らするようになります。

これはうれしいことでもあり，しんどいことでもありますね。うかうかしていられません。

知ったかぶりをしない

　このような子どもたちの純粋な疑問，問題提起は，適当にあしらわずに，きちんと受け止めたいですね。

　もしかしたら教師自身も深く考えていなかったかもしれない命題に対して，どのような姿勢で臨むか。実は子どもたちは，それらの問題に対する答えよりも，その問題に先生がどう向き合ってくれるかをみているものです。

　私たちは，こういうときこそ，子どもたちに，問題に，真摯に向き合いましょう。その際に大切なことは，次の３点です。
①知ったかぶりをしない（聞いたような言葉で片付けない）。
②子どもの言葉に耳を傾ける（子どもから教えてもらう姿勢をもつ）。
③子どもたちの言葉でまとめる（納得解を求める）。

　授業中にこの三つのポイントを行うためには，あらかじめ想定した展開を捨てる勇気も必要です。ここをおろそかにして，「安全で計画的な運行」に注意がいってしまうと，発問ではなく「司会進行の弁」になってしまいます。私も，次のように４年生のM君から言われてはっとしたことがあります。

　「先生，それじゃあ，具体的なもの何も語ってないよ」

　子どもたちが求めているものを何も語らずに，穏便に次に進めようとした私の浅はかな意図を鋭く見破った言葉でした。

　子どもたち主導の授業になることは，もちろん望ましいことであり，そのような子どもたちに育ったことをうれしく思いましょう。それと同時に，心してかからないと，足下をすくわれます。

ポイント

・子どもたち提案型授業を目指しましょう。
・子どもたちの「生きた声」は教師の都合で取捨選択せず，きちんと取り上げ，教師自身も考え，求める存在となりましょう。

12 「問い」を醸成させる

「問い」は発したら終わりではありません。それをきっかけに，自らに問い続け，進化し続け，授業中でも変化していくものです。そのような「問いの醸成」という意識が大切です。

「問い」は発して終わりではない

　問いを発するのは教師の場合が多いでしょう。教師が出す発問は，様々なタイプがあるでしょうが，そのどれもが子どもたちが考え始めるきっかけに過ぎません。例えば，「このときの○○はどんなことを言いたかったのかな」「みなさんは○○と同じような気持ちになったことはありませんか」という教材に依る発問から，「友達のよさは何でしょう」というようなテーマに依る発問まで，発したら終わりではありません。そこから，なぜそう思ったのか，何が大切だと思ったかなどを問い続けることで，はじめて本質に向かった学び・思考活動になります。

　では教師からは何も発せずに，子どもたちからの自然発生的な問いを待てばよいかというと，そうでもありません。やはり，きっかけとなる発問は必要です。そのときに，発して終わりではなく，子どもたちが「問い」を進化させる，つまり醸成させるという意識が必要なのです。

「問い」の醸成のさせ方

　では，どうしたら醸成させる「問い」にすることができるのでしょう。ポイントは次の3点です。

①開かれた発問をする
②三段論法を使って「煙に巻く」
③振り幅をちょっと大きくした「言い切り」をする

　例えば，「正直にすることはよいこと」という前提で授業を進めるとします。「うそをつかれたときの気持ち」を聞けば，おおかたの子どもたちは「嫌な気持ち」と答えるでしょう。ここでちょっと「作戦」を変えてみます。
T：正直にするとはどういうことですか？
C：本当のことを言うこと。
T：それっていいことですか？
C：もちろん，いいこと。
T：では，この登場人物は本当のことを言っている→正直→いい人，でいいですね。
C：う〜ん，でも，何も考えずに思ったことを言うのは違う気がする……。

　いかがでしょう？　教材や子どもたちの実態によっても異なると思いますが，すんなりと「正直＝いい人」となるケースばかりではないような気がします。また，無意識のうちに正直になっているのと，悩みながら正直にするのと，はたまた悩みながら正直にできなかったのと，これ見よがしに正直にするのとでも，何か違ってきそうです。このあたりを子どもたちと話し合いを通して深めることができたら面白いと思いませんか？

ポイント
・子どもたちの意識を追いながら，「おや？」と思う問題意識を授業中に練り上げていくという発想で，発問とそれに呼応する問い返しを組んでいく。
　三段論法の例①正直（本当のことを言うこと）はいいこと
　　　　　　　②Aさんは正直に本当のことを言っていない
　　　　　　　③Aさんはいい人ではない!?
　　　でも，Aさんはいい人→　どうして!?

2章　「考え，議論する道徳」に変える発問＆板書の鉄則45

13 多面的・多角的な思考を促す発問①
構造的思考を意識する

多面的・多角的な思考を促す発問について、具体的な授業場面を想定しながら考えていきましょう。
まずは、構造的思考です。

「価値項目」と「内容項目」

　道徳の場合の構造的思考とは、価値の構造的理解と言うことができます。
　「一つの価値が単体で作用することはほとんどない」と言われるように、徳目を一つずつ獲得させていけば、立派な人間が育つかと言ったらそんなことはありません。なぜなら、相手が困っているだろうなと思いやって親切にするためには、勇気を出さなければいけないときがあります。そのような相手を想う心を行動に移すための勇気は大切ですが、そうでない勇気もありますね。例えば、極端な話、何か事件を起こす犯人も、何かしらの勇気を使っているかもしれません。
　また、相手が友人だったら、話は違ってくるかもしれません。困っているだろうなと思いやるだけでなく、「彼ならきっとできるはず。ここは黙ってみていよう」というように、相手によって自分の行動が違ってくるはずです。これが友情、信頼です。このように、価値は一つ一つ独立した単体ではなく、複合体として捉える必要があるのです。
　「価値」を「項目立てて」一つ一つ教え込むのではなく、全体として「内容項目」として捉えましょう。

板書も構造的に

「〜せずにいられない人としての心」があり,「なんとかしたい」と思うからこそ「勇気」を出したり,「規則を尊重」しながら「基本的な行動習慣」をとったりする。そのように,大本(おおもと)の心があるからこその親切な行動に価値が生まれるわけです。そのような理解を促進するためには,下の写真のような,図式化を通した層的・構造的な把握が効果的です。

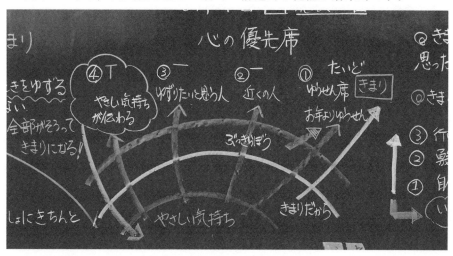

同じ「席をゆずる」という行為行動でも,どのような心から行うのかによって,その価値は違ってきます。それを図式化・色別化することで,多様な実態の子どもたちに対応できる手段とすることができます。

ポイント

・内容項目を層的・構造的に捉え,その視点で教材を読みましょう。
・板書とリンクさせ,視覚的効果に訴えましょう。
・図式化した構造的板書を心がけましょう。

14 多面的・多角的な思考を促す発問②
予定調和をひっくり返す

極端なシフトチェンジをするのも一つの方法です。
　きまりを守るのは大切ですが, では100％それが実現された世界は住みやすいかと問われると, 即座にうんとは言えないのではないでしょうか。

振り幅を大きくし, 柔らか頭にする

　規則の尊重という価値があり, それを指導内容として項目立てしている以上,「きまりを守る」というのは至上命題のように捉えられがちです。けれど, 100％きまりを守ることが義務づけられる世界が本当に人々にとって理想の世界なのかというと, それはちょっと疑問です。なぜなら, その世界においては例外が許されないわけですから, 一度きまりになってしまったら, どんな理由があるにせよそれを守らなければ「違反者」ということになり, 存在できなくなります。

　そんな哲学的な抽象論をと思われるかもしれませんが, それを子どもたちの世界に下ろしてやればいいだけの話です。例えば,
T：図書館のきまりとしてあった方がいいと思うものは何ですか？
C：静かにする。本を汚さない。きちんと返す。走り回らない。
T：確かに必要ですね。では, それを全部きまりごとにすればいいですね。
C：じゃあ, 図書館では飲食しないも入れた方がいい！　きりがない気がする……。どうしても返せない理由があったらどうするの？　……う～ん, 全部きまりにすればよいというわけでもなさそう。

T:では，きまりにしなくてもよいこともあるということかな？
C:うん。常識というか……。
T:じゃあ，いっそのこと，きまりを全部なくしてしまったらどう？
C:それはそれで困る。

　このようなやりとりの中から，きまりを守ることが最上位ではないことに気づかせ，多様な観点からの思考を可能にする「柔らか頭」をつくってやることが大切です。

こうあるべきという前提をひっくり返す

　何か一つの見方で考えが進んで行ったとき，子どもたちの発想をさらに豊かにするために有効と思われる手立てのひとつです。

　前提をひっくり返す発問です。道徳の世界において「こうすればこうなる」的な思考パターンは結構お決まりにあるのではないでしょうか。

　例えば，「目標をもってあきらめずに努力すれば，願いはきっと叶う」という前提というか共通理解事項って，ありますよね？　その方向で授業が収束しかけたとき，「では，目標をもってあきらめずに努力したけれど，願いが叶わなかったら，その人のしてきたことは無意味ということになるのかな」と，結果を180度ひっくり返して考えさせるという発想です。きっと，「う～ん，いや，そうじゃない」となるでしょう。でもその後のコメントがすぐには付け足せません。そこが考え始める入り口です。

　この，ちゃぶ台をひっくり返すような発問は，一見乱暴にみえて，なかなかどうして面白い気づきが得られることも多いです。

ポイント

・極端なシフトチェンジ発問は次の2選です。
　①100%の世界を想像させ，「柔らか頭」をつくる
　②予定調和を180度ひっくり返す「ちゃぶ台返し」

15 多面的・多角的な思考を促す発問③
知ったかぶりをしない

教師が「頭の悪い人」になることも必要。
「頭の悪い人」という意味は，「知ったかぶりをしない」ということと，「早とちりする」ということです。

知らないことは悪いことではない

「そんなことも知らないの⁉」
と言われると，構えますよね？　そして，知らない自分を隠そうとしたり，「知らなくて何が悪い」とひらき直ったり。

でも，よく考えたら，世の中知らないことなんてたくさんあるし，知っているつもりでもまるでわかっていなかったなんてこともざらにあります。教師は職業上，知識を伝達するという役割があり，「知らない＝恥ずかしいこと」という「価値観」が定着しています。もちろん，知る努力をする必要はありますし，知っている方がいいことも多いでしょう。けれど，道徳の授業場面で子どもたちを前にしたときは，ちょっと事情が違います。

「自分は何でも知っている。大切な価値を子どもたちに教えよう」という意識が強く働けばそれだけ，子どもたちの声を聞く耳がふさがってしまいます。もしかしたら子どもたちの言っていることの方に，より真実に近いものがあるかもしれないという姿勢で，「え，○○さんの言ったことはどういうことなのかな，誰か教えてくれない？」と問い返すことで，新たな展開が生まれてきます。

早とちりをする

「知ったかぶりをしない」(前頁)で述べたことは，教師も「地を出し」て子どもたちと同じスタンスで考えるということでした。それに対してここで申し上げるのは，「演じる」ということです。例えば，

T：友達ってどういう人のことを言うの？
C：いつも一緒にいてやさしくしてくれる人。
T：じゃあ，先生もいつもみんなと一緒にいるし，友達だね!?
C：いやいや，それはちょっと違うでしょ。先生は先生だよ。
T：え～!?　何が違うの??
C：だからあ……。

といいながら，実は子どもたちも前提が足りなかったことに気づき，考え始めるのです。このとき，教師は子どもたちより少しだけ下の立場になります。子どもたちは，普段偉そうなことを言っている(?)先生を諭すような立場になって，なんだかいい気分で語ってくれます。自然に発言も主体的になり，普段開いていない心の壁が自然に開き，新たな気づきや思考回路の促進が生まれます。教師は「子どもたちに教えていただく」スタンスを取りつつ，「はあ～」「なるほど，それで？」「だったらさあ……」と相づちなり，納得なり，確認なりをしてやればいいのです。

まあ，この「作戦」は何度もやっていると，いずれ子どもたちにバレますが，そのときはこっちも本気回路を増やしてやればいいだけの話です。

ポイント

・思考回路を活性化させるために頭の悪い教師になるスタンスでいましょう。
　①子どもとともに本気で考え，納得解を求めようとする姿勢を見せる
　②子どもたちの思考に敬意を払い，教えていただくという姿勢を見せる

16 多面的・多角的な思考を促す発問④
板書と連動させる

「補助線」を引く発問。
この類いの発問は，板書と連動して行うことで効果が倍増します。

仮定をイメージ化する

　道徳の教材は大きく二つのパターンに分けられます。
　一つは理想の世界が描かれているパターン。ハッピーエンドのよい話です。あまりにできすぎた話だと，「きれい事」と揶揄されることもあります。もう一つは反対にうまくいかずに登場人物が後ろめたい気持ちになったり，後悔したりするパターン。こちらは反面教師的に，「そうならないように気をつけよう」というオチです。
　どちらも，見え見えと言えばその通りですね。わかりきった答えに向かって一直線に行ってしまいそうな展開が嫌でも見えてしまいます。つまり，一面的です。それを多面的・多角的にするためにはどうしたらよいか。
　簡単です。1本の道筋だけでなく，それ以外の道筋を示してやればいいのです。つまり，「うまくいった成功への道筋」が描かれていたら，その「反対の世界」と「どちらでもない世界」を提示します。例えば，「この主人公はチャレンジして成功したからよいけれど，ではチャレンジしたのに失敗した道と，何もチャレンジせずに穏便な生活を続ける道，この3本の道のうち，一番いいのはどれかな？」と聞いたら，子どもたちはなんと答えるでしょう。

そこから，今まで考えたこともなかったような努力することの意味を見出すことができたらしめたものですね。

板書との連動：図式化・視覚化

これらの3本ラインを，黒板に図式化して描きます。

板書　基本ラインの設定

- よりよい世界
- 順調で一般的な世界
- 失敗した世界

このときに，3本矢印の色を別の色にして描き分けてやると，「赤色と水色の矢印の違いは何だろう」などというように，教師も発問しやすく，子どもたちもぱっと考えやすくなります。つまり，発問をバリアフリー化することができるのです。

ポイント

・教材や内容項目によって，どのような補助ラインを引くのが効果的かは違ってきます。先生自身で考え，開発してみましょう。
・3本はあくまでも基本ラインです。他のラインや曲線もありそうですよ。是非探してみてください。できれば子どもと一緒に！

17 多面的・多角的な思考を促す発問⑤ 「もし」を問う

「もし」を問う発問と言っても，多様な種類があります。連発すればよいというわけでもありません。
その理解と使い分けが大切でしょう。

「もし」を問う発問の種類

いくつかタイプ別に分類してみましょう。

①自我関与

「もしあなたがこの（登場人物の）立場だったらどうしますか」的な発問です。教材を自分とのかかわりで捉え，深く共感させるために用います。

②例示検証

「友達になるために大切なことは何だろう」的な例示を子どもたちに求めます。そして，「もし，それが本当なら……」というように，授業の中で検証していくのです。

③結果考察

「もし，結果が違っていても，（この主人公は）同じ反応をしただろうか」というように，別の結果を示し，視点を真逆にシフトさせるときに使います。
では，具体的に授業場面で考えていきましょう！

授業の具体

教材「手品師」を例にとって考えてみましょう。

①もし，あなたが手品師の立場だったら，男の子との約束を守りますか？

これはある意味，究極の自我関与的発問ですね。私は正直言って，私自身が，「当然男の子との約束を守ります」とは言えないし，迷いもなく「はい，自分だったら約束を守って男の子の方へ行ってあげたいと思います」と平然と言ってのける子どもに育てたくはない気がします。

②もし，手品師が誠実であるとしたら，どういったところですか？

これは，様々な可能性の中から「仮にこのような見方ができるとしたら」という話です。教材で考える練習をしていると捉えたらよいでしょう。

③もし，手品師が男の子のところへ行かなかったら，手品師は誠実ではないということになりますか？

これも悩ましい問いです。大劇場に行くという選択肢にも大義名分はあるし，自分の夢や，気にして電話してくれた友人に対して誠実であると言えます。結果がすべてではないということです。

①〜③の「もし」が成り立つために必要な条件があります。それは，結果は一つではないということです。答えが「男の子のところ」一択では，「もし」ではなくなってしまいます。あらかじめ決まった答えをなぞり，押しつけるパターンになってしまい，むなしいだけです。ご注意を！

どの「もし」を問う発問も，これまではあまり重視されてこなかったように思います。今後どのような展開が生まれるか，楽しみですね！

ポイント

・「もし」を考えさせるのは，多面的・多角的思考を促進させる上でも大切なポイントですが，「もし」の世界も認めた上で行うことが大前提です。予定調和的な出来レースにならないよう注意しましょう。

18 すべては「問い返し」で決まる

発問次第で授業の展開は大きく変わることは事実ですが，さらに言えば，授業がうまくいくかどうかは，発問に続く「問い返し」にかかっていると言っても過言ではありません。

問い返しとは

　問い返しとは，補助発問にさらに教育的効果を意図したものです。似た言葉に「切り返し」というものがありますが，明確に区別しています。というのは，「切り返し」は子どもの言葉を「切る」，つまり否定するところから入ります。もちろん，その一面もあるのですが，「問い返し」は，子どもの発言をいったん懐に入れて「なるほど，あなたの言うことはこういうことかな。だったら……」というように，本人の発言がさらに深く醸成されることを意図して，「問うて返す」という意味です。

　そのような意味で，子どもの言葉をそのまま繰り返すだけの反復・繰り返し・確認とも違います。子どもに限らず，人間が自らの思いを100％反映している言葉をもつことはできないでしょう。もし仮にできたとしても，それを相手が同じ100として受け止め，共感できることはあり得ません。これまでの生活経験が違うからです。かといって，言葉は無意味かといったらそんなことはありません。言葉は人間にとっての大事な文化です。だからこそ，問い返しながら，言葉を通して思いを丁寧に紡いでいく必要があるのです。

問い返しの技

　問い返しには，こうすればよいというマニュアルはありません。子どもの発言に応じて，その場でつくりあげるべきだからです。とはいっても，いくつかのステップはあります。

①子どもの発言をそのまま繰り返し，それを本人や他の子どもに吟味させる。
　→先生，○○さんの言ったことに付け足しがあります。
　→先生，最初思ったことと違ってきた。

②子どもの発言を，教師なりの受け止め方をして本人や他の子どもに返す。
　→今，□□君の言ったことは，こういうことでいいのかな。誰か自分の言葉で説明してくれないかな。
　→今，□□君の言ったことで，私（先生）はここがよくわからなかった（もっと詳しく聞きたい）んだけど，□□君でもいいし，他の子でもいいんだけど，「例えば……」みたいにわかりやすく説明してくれないかな。
　→あ，わかった！　□□君の言ったことはこういうことだね!?
　　（わざと極端に言ったり，意図的に的外れなことを言ってみたりすると，子どもたちの反応が面白いですよ）

　などなど，いくつかのポイントをお伝えしましたが，このような手法にとらわれ，策にはまるようでは本末転倒です。あくまでも子どもたちの発想を生かしながら，さらなる高みへ到達させるためという目的を忘れずに。

ポイント

・教師の投げかけから始まり，次第に子ども自身の問題意識を喚起するような発問で，この類の発問はいつしか子ども自身の「問い」へと変容します。
・「発問」というより思考を揺さぶる「問い」と言うべきものであり，この種の発問には教師の「問い返し」が不可欠です。

19 問い返しのスキルアップ①
引き出しを増やす

前項で問い返しの大切さをお伝えしました。問い返しの引き出しはいくつあってもいいですね。思いつけば思いつくほど、授業にゆとりが出ます。
そんな引き出しを増やすコツを伝授しましょう。

まずは問い返しの意義を理解しましょう

　問い返しは、補助発問や質問・確認とは違います。
　補助発問は、同じ発問を子どもたちが共有できるために、別の言葉で言い換えたり、具体的にやさしく聞き直したりする類いの発問です。「人に親切にされたとき、どんな気持ちになる？」という発問をしてもイメージしにくい子どもたちが多いとき、「例えば、この間□□ということがあったよね。このときどんなことを思いましたか」というような感じです。
　質問や確認は「今、〇〇さんが言ったことはちょっとよくわからなかったんだけど、もう一度言ってくれますか」「△△君の言ったことは、こういうことでいいかな」というような感じです。
　それに対して問い返しは、子どもたちの発言をいったん懐に入れて、咀嚼し、その上で「なるほど、そういうことか、だったら……」と次への一歩を暗示するような発問です。子どもたちは、自分たちの言葉を使われるから考えに違和感がなく、しかもその場に居座ったり、這いずり回ったりせずに、次へのステップへ視野を広げていくことができるのです。

問い返しの引き出しを増やすコツ

　子どもの発言を受けて，発展させていくコツを，具体的会話を想定してお伝えしましょう。（◎が問い返し）

T　：友達になるために大切なことは何でしょう。みんなは入学してからどうやって友達になったの。
C　：いつも一緒にいて励ましてくれると友達になれる。
T　：いつも一緒にいてくれて，励ましてもらったらうれしいでしょうね。
T◎：どのくらい一緒にいれば友達になれるのかな？　1年くらい？
C　：う〜ん，半年くらいかな。
C　：でも，○○ちゃんとはすぐに友達になったな。
T◎：あれ？　とすると，長くいればいるほど友達と仲良くなれるわけではないのですね？　友達レベルと，一緒にいる時間の長さは関係ないのかな。だとしたら，大事なことは何だろう？
C　：その時間をどのように使うかじゃないかなあ。
T　：どう使うかですか，同じようなことを思った人がいますか。
C　：はい，自分の時間を自分勝手に使わず，相手の時間も大切にする気持ちがあればいいのだと思います。
T◎：なるほど，今□□さんの言った意味がわかりますか。自分の言葉で説明できるようにしてください。
T◎：みなさんは，どんな人と友達になりたいですか（または，自分は友達に対してどういうことができる人になりたいですか）。そして，そのような友達といると，どんなことができそうですか？

ポイント
・質問や確認から入り，次第に意味づけや突っ込みができるといいでしょう。どんな子どもの言葉も受け止めながらする対話を心がけましょう。

2章　「考え，議論する道徳」に変える発問＆板書の鉄則45　｜　59

20 問い返しのスキルアップ②
適切なタイミングを見計らう

どんなによい問い返しが思い浮かんでも，タイミングを逸したら効果半減です。必要に応じて，適切なタイミングで引き出しを使うことが問い返しの命です。

どんなタイミングで使う？

いくつかのタイミングがありますが，まずは大きく分けてA想定内の時と，B想定外の時とがあります。

A　想定内

あらかじめ用意した問い返しの引き出しの量がものを言います。たくさんあればあるほど，余裕は生まれるでしょう。けれど，それと同時に気をつけなければならないことも出てきます。

それは，「引き出しを増やせば増やすほど，それを使いたくなる」ということです。立て続けに連発されても子どもたちは混乱するだけでしょう。また，授業や子どもたちの意識の流れを無視して発しても，しらけるだけです。

子どもたちの発言や様子をよく観察しながら，「ここでこの返し」というように使い分けられるとよいでしょう。くれぐれも，「せっかく考えたのだから，全部使ってしまえ」的な発想は御法度です。

B　想定外

想定外は，その場でつくるわけです。これはかなり難易度が上がりますが，これがはまると，もうやめられません。

これができるためには，より一層子どもたちの言葉に耳を傾けることはもちろん，本時の目指す方向性にブレがあってはだめです。今日の授業で子どもたちと何をしたいのか，子どもたちに何を考え気づかせることができたらよしとするのか，そのような軸をしっかりともった上で子どもたちの発言を聴きたいものです。
　そういうことをしていると，その場でつくるというより，その場で自然に生まれるという感覚を味わうことができるかもしれませんよ。

問い返しの具体例

　「親切，思いやり」の授業をしていたときのことです。夜中に山道を車で走っていた登場人物が，ガス欠で立ち往生している人を見つけ，いろいろ心配をして，最終的に無事ガソリンをゲットし，みんなで山道を降りてくることができたという話。子どもたちは，わざわざ遠くのスタンドまで買いに行ってくれたガソリンのありがたさが身にしみたという発言をしたので，一度それを受け止め，そしてこのように返しました。
　「なるほど……届けられたガソリンを見たとき，この人は本当にうれしかっただろうね。……ということは，もし，スタンドが閉まっていてガソリンを買ってきてもらえなかったら，この人はさぞかしがっかりしただろうね」

　ときには，教師が子どもたちから「問い返し返し」をされてしまうこともあります。
T：そうだね，できるだけ迷わずにこういうことをできる方がいいね。
C：先生はどうなの？　こういうとき，迷わないでできるの？
T：え!?　う〜ん（考えたこともなかった）。なるほど，迷わない方がいいかと言うと，そんなこともない気がするね。
　いやあ，子どもに教えられてしまいました。授業で考えるって，本当に面白い！

21 問い返しのスキルアップ③ 交流分析を生かす

交流分析をご存じですか？
相互交流で会話をつなぐ，交差交流で切り替える…けっこうおすすめですよ。

交流分析とは

　エリック・バーンによって提唱された心理学パーソナリティ理論とも，人格と個人の成長と変化における体系的な心理療法の理論とも言われています。私は，大学の授業で担当している「生徒指導論」や「教育課程論」の中で，エゴグラムや対人交流の演習に使っています。自分を知り，相手の思いを知って応対すれば，適切な指導につながるという考え方は，授業論に合致するものです。相手に向けたメッセージなり発言なりをストロークと呼びますが，そのストロークにまっすぐ返してやるか，ちょっとひねりを入れて戻すかによって，その後の対話の方向は大きく変わります。会話を順調に続けたかったら，相手のストロークと同じベクトルに返してやればよいし，ちょっと変化球を与えれば，とたんに相手は考え込んだり，会話を中断したりします。これを意図的に行うのが，教師による「問い返し」だと思っています。

　教師は，日頃から感覚的に行っていますが，これを理論付け，体系化することで，「問い返し」を技化できるのではないかと思っています。

別交流パターンと，問い返し例

①相補的交流

　子「今何時？」親「8時だよ」のように，相手のストロークにまっすぐ返します。授業レベルで言えば，子「先生はどう思うの？」教師「そうだね，じゃあ聞いてもらおうかな」みたいな感じでしょうか。この類いの交流のメリットは，互いの意見を尊重しながら気持ちよく進められるところです。教師もあまり考えずに，子どもの発言を基本受容すればよいわけです。デメリットは，発展性に欠けるところでしょうか。

②交差的交流

　子「今何時？」親「時計くらい自分で見て」のように，相手のストロークを無視して（見限って）こちらの都合で返すパターンです。授業レベルで言えば，子「だからね，もっと詳しく言うと……」教師「ちょっと待って，そこは他の人にも考えてもらいたいな。○○さん，どう思う？」のように，矛先を変えるのです。発言している子にとっては，はぐらかされた感じになりますが，常に限られた子どものペースで進めるのはよくありません。あくまでも主導権は握っておきましょう。

　この種の交流のメリットは，自分が言ったことをもとに，予想以上の発展があり，発見が期待できるところです。デメリットは，信頼関係なり，言い方の工夫なりがないと，否定された感じになるところです。くれぐれも，受け止め，認めたうえで，切り替えましょう。

ポイント

- 相補的交流と交差的交流を意図的に使い分けましょう。
- 発言が途切れがちな子に対しては，相補的交流から入りましょう。
- 発言力のある子に対しては，相補的交流から入り，機を見て素早く交差的交流に切り替え，対話の輪を広げていきましょう。

22 問い返しのスキルアップ④
効果的な声かけをする

問い返しに有効な声かけ，
「え！どういうこと？」「ああ，なるほど！」
などを上手に挟み込むと，問い返しがさらにパワーアップします。

問い返しの枕詞

　問い返しには，その性質上，不明な点や不足するところを指摘し，より深い解を模索することが目的化されています。つまり，ツッコミを入れる形になるということです。ですから，下手をすると発言した内容や，発言者を否定するようなニュアンスになってしまいかねません。それでは二度と発言したくなくなってしまうかもしれません。

　ですから，意図的にやさしく受け止める言葉を枕にしてやるのです。そうすると，否定された感じにはならず，よりよくステップアップさせるために必要な切磋琢磨だということで，いい感じになります。

　そのような枕詞にはどんなものがあるでしょう。レパートリーとしていくつかもっておくと役立つものを紹介しましょう。

　「ああ，なるほどね」
　「おお，そういう考え方もあるね」
　「確かにそれはそうだ」

　などです。もちろん，それで終わりではなく，「つなげるひと言」が必要です。

つなげるひと言

　子どもの発言をいったん受け止めて，そこから発展させるひと言が大切です。それによって子どもたちの学習は多面的・多角的思考へと発展し，新たな気づきが生まれます。そしてそれをまた引き取って意味づけしてやる。この繰り返しこそが指導であり，学びです。

【目的】子どもたちの多面的・多角的思考を促す。価値観の再構築を図り，子どもたちの道徳性を高める。

【つなげるひと言】「わかった……」「だったら……」「ということは……」「それができたら……」

【具体的なつなげ方】子ども「△△ということだと思います」
①「わかった！△□ということだね!?」
　というように，子どもの発言を若干ニュアンスを変えて言います。すると，「そうじゃないよ」と言ってくる場合と「ちょっと違うけど，それもアリですね」と思う場合があるようです。どちらもそこから発展できれば，アリです。この返しは授業の中盤で活用し，じっくりと考えさせましょう。
②「だったら，○○はどうなのかな？」
　このように，子どもが言った内容とは異なるものをぶつけてやります。最初は面食らって否定的に見るかもしれませんが，次第に「ああ，それも同じかもしれない」などと，共通点が見いだせることが多々あります。
③「ということは，この考え方を大事にしていったら，どうなるかな」
　などと，新たな価値観の世界がつくる未来を展望させます。この返しは授業後半が適切でしょう。
④「それができたら，素敵だね。それに気づくことができたみなさんもきっと……」というように，「発見できた自分たち」にも充分によりよく生きる力が備わっているということを実感させてあげましょう。きっと子どもたちはよりよく生きようとする活力を得て授業を終えることができるでしょう。

23 問い返しのスキルアップ⑤ 究極の問い返しを行う

問い返しの最終バージョン，それはその場でつくる問い返しです。つまり，授業の流れの中で子どもたちの発言をつかまえ，それを使う。これができたら問い返しの達人レベル，一期一会の授業が生まれます。

導入時の問い返し

　担任する5年生で授業を始めたときのことです。内容は「親切，思いやり」に関することでした。まず私から「親切な人ってどういう人か」を問いました。すると子どもたちが「相手のために〇〇ができる人」とか「思いやりがある人」などと言い始めました。その時点でもけっこう本質的な意見が出たのですが，そこでF君が「親切な人は親切を変えられる人」と発言したのです。これにはクラスの全員が「は…？」となりました。私は，これは核心的な問いになると思い，全員に考える時間を取りました。もちろん答えは出ません。そこで「では，今日の学習で考えていきましょう」と，F君の問題提起をそのまま本時のテーマにしたのです。その瞬間，授業は教師主導から児童主導へ変わりました。

> 　F君が「親切な人とは，親切を変えられる人？」と言いました。私は最初その意味がよくわかりませんでした。
> 　その意味をとくために，「すてきなおくりもの」というお話について考えました。このお話で発見がありました。

終末時の問い返し

　ある地方で6年生対象の飛び込み授業をしたときのことです。やはり同じ「親切，思いやり」でした。このときは導入を「どんな人になりたいか」としました。そのときは，まず私と参観されていた100名近い先生方が驚かされることになります。というのは，最前列に座っていた，いかにもその子が全体を左右してしまうような発言力をもつK君という子がいたのですが，あろうことか大勢の先生方が参観する授業公開の冒頭で，「どんな人になりたいか」という問いかけに対してこう発言したのです。
　「大金持ちになりたい！」
　以下，私と子どもたちのやりとりを再現します。
T：そうかあ，なるほど確かにそうだよねえ……で，そのためにはどうする？（人に優しくするとか，信頼されるようにとか，出ないかな……）
C：社長になる！（うわあ～，そうきたか！　よしそれならば！）
　ここで私の心は決まりました。
　「社長になるために」と板書し，親切ということの意味との関連を考えることにしました。そして授業の終盤，子どもたちの親切に対するまとめは次のようになりました。
C：見返りを求めないで，本当に相手の気持ちになってできる人。
T：それは素敵ですねえ，みなさんはそういう人がよいと思うのですね。
C：うん。（これにはK君も含め，誰も異を唱えませんでした。）
T：じゃあ，みなさんは社長にはなれないかな？
C：え？
T：だって，見返りを求めずに親切にしていたら，会社つぶれちゃうよ？
C：う～ん……。
　ここまでノリノリで発言していたK君の，本当に困り果てているような顔が今でも忘れられません。

24 自分自身とのかかわりを考える問いをする

子どもたちは、教材から離れて自分自身のことを振り返らせる時間を取れば、自分事として考えるわけではありません。何が大事なのかをよく考えていきましょう。

価値の主体的自覚の時間

　人ごとにならず、自分とのかかわりにおいて考えさせるということは、自分自身の問題意識と関連させて、いかに問題解決の主体者として授業にかかわっているかということです。以前は「価値の主体的な自覚の時間」と呼ばれていた部分です。真剣に考えれば考えるほど、子どもたちは様々な思考回路を駆使して「自分なりの答え」を見出そうとします。その際、友達の意見や自分自身の体験も総動員し始めます。自ずと、自分を重ね、自分自身を振り返る時間となるのです。

　自分自身を振り返らせる発問は、「今から教科書を離れて自分のことを考えるんだよ」と直接的に言うことだけではありませんし、むしろそのような直接的なアプローチより効果的なものがありそうです。例えば、
・立場を変えて考えさせる発問
・状況を変えて考えさせる発問
・自分の「好み」を問う発問
などが考えられます。

発問の実際

それでは，その三つについて，具体的に話していきましょう。

①立場を変えて考えさせる発問

「もし，自分だったらどうしますか」

このような自我関与的な発問は，時と場を選びますが効果的な場合があります。この手の発問には，「もし，相手が家族でも同じようにしますか」「もしこのような目に遭っている人（動物や植物）が自分だったとしても同じように考えますか」などのバリエーションが考えられます。

②状況を変えて考えさせる発問

「もし，この人が赤の他人でも同じことをしますか」

このような比較分析を目的とする発問は，自分とのかかわりというよりは，人間同士のかかわり自体を問う発問です。この手の発問は，単独ではなく，セットで行うことでより効果を生み出します。例えば，「同じ行為を友達に対して行う場合と，赤の他人に対して行う場合の違いは何ですか」などです。

③自分の「好み」を問う発問

「あなたはこの中の誰と友達になりたいですか」

これは一般的な価値観ではなく，自分自身の選択を迫っています。それも，外付けの価値観からではなく，自分が誰を選ぶかという，ある意味とても主観的な問いかけをしているところが味噌です。人間は理屈ではなく感情で動く生き物ですから，このような発問で，はたと考え込むこともあるのです。

ポイント

・どの発問も，単独ではなく一連の流れの中で自然に聞くとよいでしょう。
　①「例えば……」というように，自分の立場を変えて考えさせる
　②「もし……」というように，置かれている状況を変えて考えさせる
　③「どちらを好む？」というように，客観から主観に変えて考えさせる

25 自己評価能力を高める発問をする

本時の学びを自分のものにするための投げかけをすることで、子どもたちは自分自身で意味づけすることができます。

自己評価能力を高める意義

　自らを評価するというのは、なかなか難しいものです。自分に甘い子、問題意識の低い子ほど、自分に対する評価が高かったりするものです。しかし、自己を見つめる自分というものができあがってくればくるほど、次第に自分を正当に見つめることができるようになります。ある意味、そのような、曇りのない眼で平らかに物事を見つめることができ、価値判断につなげられるような自分をつくりあげることが大切です。

　子どもたちに自己評価させる意味は、
・自らの学びを客観的に振り返って学習の意味づけをすること
・「子どもが何を学んだか」を見取り、授業改善に生かすこと
・子ども自身が自らの価値観（生き方）を振り返り、よりよくするための底力をつけること
の三つが挙げられると思います。

　つまり、正当に自己評価できる価値観を育てることが、道徳教育の目的の一つと言ってもよいでしょう。

授業の中で子どもたちに自己評価させる手立て

　では，どのようにしたら，子どもたちの自己評価能力を育てることができるでしょう。
　第一に，観点をもたせることです。
　観点は，どんなことでも構いません。「友達とはどういう存在か」といった抽象的なものでもよいですし，「親切な人が何人出てきたか考えながら読みましょう」という限定的・具体的なものでも面白いでしょう。そして，観点が決まったら，それを授業の冒頭と終末にまとめさせます。すると，「最初は〇〇と思っていたけれど，授業中に□□ということがわかり，最後は△△と思うようになりました」と，見事に1時間の授業を振り返り，自らの変容を述べることができるようになります。「特別の教科　道徳」の評価は，個人内評価，成長を後押しする評価と言われています。自己の成長の記録を自分で実感できる体験は，やりがいとなり，授業に臨む構えをますますアクティブにしてくれることでしょう。
　第二に，「何を学んだか」を一言で言わせることです。
　「今日の授業で一番大切だと思うこと，心に残ったことを一言で言ってください（道徳ノートに書いてください）」と投げかけます。それを発表させて，全体での傾向をまとめたり，意味づけしたりすれば，子どもたちの学びの傾向を知ることができます。これは，子どもたち自身の授業評価にもつながりますし，教師自身が手立てを自己評価する貴重な材料ともなります。

ポイント

- 「観点をもたせる」「何を学んだか」を明確にする発問を工夫しましょう。
- 「このことを考えながら読みましょう」「今日勉強になったことは何ですか」だけでなく，「もっと考えたい」と思わせるような，子どもたちの構えが前向きになる提示を工夫しましょう。

26 今後を展望する発問をする

発問は,授業が終わったら終わりではありません。授業後も子どもたちの背中を押し続けるような,未来に希望を抱かせる,エールを送る投げかけが大事でしょう。

心を軽くする発問(投げかけ)

　道徳の授業のイメージの一つに,押しつけ,お説教的な要素がありますね。素晴らしい人物の話を読んで,それとできない自分を引き合いに出されたら,「ああいう立派な人になるために,もっとがんばります」としか言えないかもしれませんね。きっと気持ちは明るくならないでしょう。それでは自ら自分の人生を主体的に切り拓く存在として育たないのではないでしょうか。道徳教育は,授業で完結しません。授業後の実生活にまでつながることが重要です。そこで生きて働く力となってこそ,はじめて道徳教育としての成果がみえるのです。だからこそ,授業を通して実生活の見通しをもたせ,「自分にもできそうだ」「やってみたい」と思わせることができるような展開を心がけることが肝要です。

　授業後に,子どもたちが「先生,家に帰ってからやってみたよ」「道徳の授業をもとにして,がんばり表をつくってきた」「先生,お話の続きを考えてきた」「こんな話をつくってきたんだけど,これで道徳の授業やりたい」など,自分から言ってきたらわくわくすると思いませんか。

子どもたちの背中を押す「ひとこと」

　授業を通して子どもたちの心を軽くし，背中をちょっと押してあげる言葉かけ（発問，投げかけ）はいくつか種類があります。
①自分にも，「同じ力」があるという自覚を促す言葉かけ
②その「同じ力」を使ったらどんな世界が実現できるかという見通し
③実生活でどんなことができるだろうかという期待
　ここでは，この三つについて説明しましょう。
　「同じ力」というのは，本時で考えた価値の本質のことです。例えば，働く喜びは，ほめてもらったりご褒美をもらったりすることではなく，自分の創意工夫を通して人の役に立つ，生活をよりよくできる喜びだということがわかることです。そこで，次のように言葉かけをします。
　今日は，働くことのよさについて学びましたね。
①そういうことに気づいたみなさんにも，きっと働く喜びを感じながら仕事をすることができる力があるのではないでしょうか。
②そのような力を使ったら，どんな仕事ができそうですか。仕事でなくても進んでやってくれそうですね。そういう人に仕事を頼みたいなあ。
③みなさんの仕事は何かな？　これからどんな仕事をしてくれるか，楽しみにしています。
　このような感じで子どもの学びを意味づけ，感嘆・賞賛し，その力の使い道，方向を示唆してやることで，子どもたちは意気揚々と実生活で実践・試行を始め，実感を伴う理解となって身につけることができるようになります。

ポイント

・授業が終わっても子どもたちの学び，生活は終わりません。むしろ，そこからが勝負です。実践力のある子どもに育てましょう。そのために，授業を点ではなく線で見るようにしましょう。

27 授業後も考え続ける発問をする

子どもたちは，もっと考えたいと思えば，授業が終わっても考え続ける姿勢を保ちます。考える構えを促す投げかけ，もっと考えたくなる問いかけのポイントをお伝えします。

深く考える発問

　深く考える子どもの姿のイメージはどんなものでしょう。いろいろあると思いますが，授業内だけの姿ではないでしょう。深く考えれば考えるほど，答えは簡単には出ません。極端な話，一生考え続けるのかもしれません。

　そのような答えがすぐには出ない発問をすると，当然のことながら，授業が終わっても考え続ける子どもの姿が見られます。だからこそ，日常生活でも問い続け，考え続け，実践してうまくいったりいかなかったりを繰り返しながら実感を通した学びを行うわけです。それこそが道徳教育。そのような試行し，思考する姿勢からこそ，真理は生まれるのでしょう。

　答えが出ないからといって，終わりに答えが書いていない，オープンエンドの教材を使ったり，途中で切ったりすればよいかというと，そんな単純な話ではありません。書いてある答えと思われるものが答えではなかった，書いていない世界にこそたどり着くべき本質があった，というような認識をもって授業に臨み，子どもたちと一緒に答えを見つけ出す作業を授業の中でしっかりと行うことが大事です。それがないと後につながりません。

子どもたちはどのように考え続けるのか

次に紹介するのは，いずれも3年生の道徳ノートの記述です。

> みんなが言う意見ひとつひとつがたよりになって，いつもなぞがちゃんととけて，最後はまとめとなります。でも，最後ギリギリでなぞがとけるときもあるので，まとめが間に合わなかった人もいると思います。けれど，チャイムがなって道とくの時間がすぎても，ぼくは書きました。じゅぎょうをするたびに，どんどん考えていき，いつも終わるときにはへとへとになっていました。まとめを11行書くときもありました。でもちゃんと書けました。今まで楽しかったです。（C君）

> 道徳の授業がある金曜日の夜は，お父さん，お母さん，そして小学生になった妹も一緒に，その日に習った道徳の授業の内容について，わたしが司会をして話し合います。わたしはこの時間がとても大好きです。家族との話し合いを何回も何回も重ねることはとても楽しいし，みんなとふれ合い，もっと仲よくなることができるからです。そして，昨日の自分より，ほんの少し成長できる気がするのです。（Iさん）

この2人は全く別のクラス，異なる年の3年生ですが，共通するのは自らの意志で授業後も考え続けている点です。2人が教えてくれるポイントは，C君の「なぞ」，Iさんの「成長」という言葉です。

ポイント

・「なぞ」が解けても解けなくても，もっと先を考えたくなり，クラスメイト以外にも話し相手を見つけて，議論を続けたくなることが重要です。

28 要注意発問に留意する

発問には相性があります。「特別の教科　道徳」の授業で推奨されてはいるものの，取扱注意的な要注意発問とその対策をお伝えしましょう。

不用意な発問，傾向と対策

　考え，議論させるために推奨されていながら，取り扱いを注意しなければならない発問の特徴は次のようなものです。
①遠い世界の話とのセット
　この種の教材と「あなたならどうする？」のセットは要注意です。なぜなら，「自分にはできない」→「これができた主人公はすごい」→「見習わなければいけない」というような，自分にないものを押しつけられがちだからです。このような展開パターンは「価値注入型」と言われるものの一種です。
②二者対立型の討論形式
　これと「一番よい方法はどれ？」をセットにするのも要注意です。どうしても「どっちがいいか」という勝負の世界になってしまい，浅い議論になりがちです。くれぐれもねらいをはずさないようにしたいものです。
③どう考えても答えが一つの結論とのセット
　あまりに行動直結の意図が見え見えだと，結果先にありきとなり，なぜそれが大切なのかという，価値を見直しその意味を深く考えるというチャンスを逃すことになります。それに合わせて「どうすべきか」などという発問を

すると，子どもたちは得意げに発言するでしょうが，結論先にありきの方法論を議論する授業になってしまいます。むしろ，道徳の授業では，そのような行為を生む心を明らかにする問いを発したいものです。

忘れてはいけないポイント

では，もっと具体的に考えてみましょう。

①この発問は，教材を人間として読むことが大前提です。つまり，弱い部分が出てくるのが当然であることを前提に展開することがポイントです。「自分にはできないかもしれない」→「それが人間だよなあ」→「この主人公にはそういう気持ちはなかったのかな」→「いや，あったけど何かが違った」→「何が違ったのだろう」というように展開します。

②「どっちがいいか」「一番よい方法」を決めるのが目的ではなく，「ああ先生，やっぱりどちらでもない」「よい方法を決めるのではなく，その方法をよくする心が大切なんだね」という帰着点を見失わないようにしたいものです。

③最終ゴールは，道徳性が高まり，日常生活の行為行動が変わることでしょう。けれどあまりにストレートにそこを目標としてしまうと，「できたか，できないか」だけが評価の対象となってしまいます。そのような外から見える変容は一番わかりやすいし，評価もしやすいように感じられますが，実はそうではないのです。「しようとする心」を大切にしたいものです。

ポイント

・「こういうときはこのように発問すればよい」というマニュアルはありません。
・安易に効率や結果を求めず，よりよい発問を工夫しましょう。
・「できたかできないか」ではなく，「行為に向かう心」を大切にした発問を心がけましょう。

29 最終的な「問い」に進化させる

子どもから生まれた問いを最終的な「問い」にするために，あらかじめ用意した発問を滞りなく次から次へと提示していくだけでなく，その場の空気を読んで，創り出す発問へと進化させていきましょう。

教師の発問はきっかけにすぎない

　前述したように，私たちは何ごとにも最初から問題意識をもちながら接しているわけではありません。むしろ，改めて考えることなく，無意識のうちに条件反射的な反応をしていることも多いのではないでしょうか。

　子どもが授業に臨む姿勢も，ほとんどは受け身でしょう。明確な問題意識をもって授業に臨むような局面はそうそうあるものではありません。だから，きっかけは教師がつくるということでいいのではないでしょうか。ただ，終始教師が主導権を握るのではなく，次第に子どもたちに主導権を渡したり，引き戻したりしながら進めていくようになるのが理想です。このような相互作用は，1時間の授業内でも起こりますし，複数時間の授業でもあり得ます。

　「本授業で抱いた問い」も大事ですが，そこから最終的に子どもが，「自分の人生にかかわるような大きな問い」をもつことができたら，そのときこそ「道徳」は，教科を乗り越えた「特別の教科」になるのではないでしょうか。

子どもは何を語るのか

　一つぎもんを授業中にもちました。それは，「本当の自分って何？」

> です。そこでお母さんと話し合いました。結論は「だれにもわからない。自分が見つけないといけないもの」です。このように，授業中にできたぎもんをとくことができたのでうれしいです。

これは3年生のAさんが，個性伸長の授業をしたときに，道徳ノートに書いたものです。このように，子どもたちの「問い」は次第に根源的な人間論になっていきます。哲学者のようです。

そして，子どもの「問い」は，最終的には「渇望」とも取れるような，学びへのあくなき願望へと広がっていきます。

> 今日のような授業を進んで受けたい。もっともっと，人のためになる授業をどんどん受けて，いろいろなことを学びたい。文に表して，今日の授業の内容や，私の考え，そして今書いている感想を伝えたいと思った。
> そして，一人でも多くの命が救えるように，大人になったらでもいいから人の役に立てるようにがんばっていきたいなと，たった45分間の短い授業でそう強く思った。

これは6年生が，生命尊重の授業のあとに書いたものです。子どもたちのこのような熱い想いにどうやって応えればいいのか。しっかりと考えなければいけない問題です。これが教師の問題意識ですね。

ポイント

・授業を乗り越えた，根源的な問いを目指しましょう。
・子どもたちの「よりよく生きたい」という心に向き合いましょう。
・最終的に子どもたちの「問い」は，その子なりの個別的，拡散的なものになります。ひとくくりにせず，一人ひとりの意識に寄り添った見取りをしていきましょう。

30 板書の意識転換をする

「伝え，記録する黒板から，考え，議論する黒板へ」
板書に関する意識転換をしませんか？
きっと授業がアクティブになりますよ。

板書の役割

　板書の役割には次のようなものがあります。
①記録：授業の内容や展開，要点を主に文字化する。
②確認：全体課題や注意事項を明記する。
③指示：活動の内容や手順を明示することで全体のばらつきをなくす。
④作業：誰かが代表で問題を解いたり，説明したりする。
　①～③は教師が行うことがほとんどでしょう。④は他教科の場合に子どもたちが行っていることがありますね。
　道徳の授業の場合はどうでしょう。子どもたちが黒板に出て説明したり，考えたりする場面ってあるでしょうか。あまりないとしたら，なぜないのでしょうか。
　私は，子どもたちがもっと黒板に出て学習活動を展開するべきだと思っています。実際，私の授業では子どもたちが黒板で書きながら説明したり，補足したりすることがけっこうあります。思いついたことを書き足すこともあります。

どうしたら子どもたちは黒板に出てくるか

①どうしても黒板に出て説明したい気持ちにさせる

　「先生，言葉だと上手く伝えられないから，黒板に出て書きながら説明していいですか」「ちょっと黒板の図解に付け足したいことがある」などと，子どもたちが自然に黒板に出て来たくなる（来ざるを得なくなる）状況をつくってやります。そのためには，教師はちょっとおとぼけの振りをすることもポイントです。「まったく，先生はわかってないんだから！」みたいなノリに子どもたちを導くのです。

②観点を明示して，補足するよう子どもたちに促す

　方向性や観点を教師が示し，それに付随する気づきがあったら黒板に出て書くように促します。はじめは戸惑う場面も見られますが，一人二人と増えていくと，あっという間に黒板の前が子どもで埋まってしまうこともあります。手を挙げて発表することには抵抗がある子でも，黒板に出て書くことならできるという子もいますし，新たな気づきが生まれる場合もあります。

③黒板に，付け入る隙をつくる

　板書計画があまりにきちんとできすぎると，子どもたちの付け入る隙がありません。だからわざと黒板に隙をつくるのです。

　そのような隙があり，語りたいというこだわりがある授業だと，「先生，授業中に言えなかったことがあるから聞いて」などと，子どもたちは授業が終わったあとも黒板に出てきて語り続けます。

ポイント

・黒板を子どもたちに開放しましょう。
・黒板を背にして子どもたちに向かうのではなく，子どもたちと黒板に向かってともに考えましょう。最終的に仕上げる作品と思い，授業の途中では板書を書き加えたり，修正したりすることを遠慮なく行いましょう。

31 板書に必要な条件を考える

板書に必要な条件を考えてみましょう。
縦書き？　横書き？
場面絵？　短冊黒板？

板書は作品

　飛び込み授業をする機会が増えました。用意される会場も教室だけとは限りません。特別教室だったり，体育館だったり，いろいろです。ホワイトボードしかない場合もあります。教室ではないのですから，普段はホワイトボードで何の支障もないのでしょう。確かに，何かをメモしたり，情報共有したりするには，ホワイトボードで充分というか，その方が使い勝手がよいのかもしれません。けれど，授業をするとなると話は別です。授業で使う黒板に求められる機能は，メモや情報の伝達だけではないからです。

これまでの「常識」を見直す

①縦書きか横書きか

　通常の道徳の板書は縦書きが一般的でしょう。これは，教材文が国語と同じように右から左への縦書きだからです。自然に教材に合わせる心理が働くのでしょう。けれど，縦書きにしなければならない確固たる理由も見当たりません。要は子どもたちの学習に一番よい方法をとればよいのです。毎時間変えても構わないし，授業の内容によっても異なるべきでしょう。画一化しないことです。ただ，横書きには必然性がある場合があります。例えば，ベクトルを図式化し，過程をたどっていくような展開で授業をする場合，左から右への横書きの方が，圧倒的に考えやすいです。

②掲示

　予定された場面絵や短冊黒板に書かれた発問を掲示するのはどうでしょう。いかにもはじめから計画されたような掲示の仕方は，見通しがもてて安心しますが，授業を固定化・形骸化させます。貼り物のメリットは，場所を変えたり，書き込みをしたり，ひっくり返したりできるところです。あらかじめ想定の中で子どもたちを操作しようとするのはやめましょう。さらに，予想される子どもたちの反応を事前に紙に書いておき，子どもから出たら待ってましたとばかりに黒板に貼るような勇み足は慎みたいものです。子どもたちに「発言する意味がない」と思われては元も子もありません。

ポイント

- 黒板を丸ごと使うイメージでレイアウトを考えましょう。
- 黒板に余計な掲示や連絡事項が残っていないかをチェックしましょう。
- チョークを自由に使いこなせるようにしましょう。いろいろな色や長さを揃えておき，線の太さも工夫して提示することで，子どもたちの思考をさらに促進させられます。

32 子どもたちの思考のサポート板として活用する

黒板を，教師だけが独り占めせず，思考をサポートする学習ツールとして子どもたちに開放しませんか？

黒板を子どもたちに開放できないわけ

　そもそも，なぜ道徳の授業では子どもたちは黒板に出て説明したり，考えたりする機会がほとんどないのでしょう。他の教科とは違い，問題を解いたり，考えを発表したりするという学習内容ではないからでしょうか。
　もしかして，私たち教師は，道徳にははじめから伝えるべき内容（価値）があり，それを遵守するためにどうしたらよいかという話し合いにウエイトを置くことを前提にしていないでしょうか。だから，子どもたちが考えて価値を見出したり，実感したりするというイメージが薄いのかもしれません。ましてや，価値を再構築するなどありえない⁉　そのような認識の延長上に授業があるから，黒板に出て書きながら考えるという活動場面が設定しにくいのかもしれません。

開放するメリット

　次の文は私が専科で道徳を担当していた５年生の，板書に対する考えです。

> 私たちに考えを黒板に書かせてくれると，たくさんの意見がわかるのでとてもよいです。

「たくさんの意見がわかるからよい」というのは，多種多様な観点に触れ，自分の思考が発展することが実感できるということでしょう。人はこのような学びによる心の広がり，成長を喜ぶ存在なのですね。

右上の写真のように授業中に黒板で意見交流をしていると，自然に考えの広がりや新たな気づきが生まれるものです。思考を活性化するために立ったまま会議をする国があると聞きましたが，同じ理屈かもしれません。

真ん中の写真は授業後の子どもたちの様子です。授業が終わっても考え続ける，書き続ける。チャイムが鳴ったから終わりではないのです。考えたいと思ったら，日常生活でも考え続け，実践するのです。

下の写真も授業後の様子です。この子たちの場合，男女関係なく黒板の前に集まり，自然に話し合いを始めています。これぞ主体的で対話的な深い話し合い！

33 黒板を子どもたちに明け渡す

黒板を子どもたちに明け渡すと,子どもたちが語り始めることがあります。

黒板を子どもたちのものに

板書計画なるものがあります。これをきちんと構想するのはもちろん大切なことですが,あまりに完璧につくりあげてしまい付け入る隙がないと,とたんに子どもたちは受け身に回ってしまいます。さらに,想定問答集よろしく,子どもたちの予想される発言まで短冊に書かれており,子どもが発言したタイミングで「そう,これだね」と出されようものなら,もう「勝手にやって」状態ですね。

だって,自分たちが何を言おうと関係ない,はじめからストーリーが決まっており,それに乗っかっているだけですから。それでは子どもたちは自ら考えようとか,新しいものをつくりあげようとか思うわけがありません。「どうせはじめから答えがあるんでしょ」「先生がわかっているなら,わざわざ私たちに聞かなくてもいいじゃない」このような思考パターンに子どもたちを陥らせてしまうと,授業はとたんに精彩を欠きます。

黒板に,子どもたちの付け入る隙をつくりましょう。これは,文字通りスペースを空けて書くこともありますし,「それは違うよ」と突っ込みどころをつくるということでもあります。

いずれにせよ,黒板も子どもたち参加型の板書にしましょう。

「ちょっと書きながら説明してくれない？」

　授業の中で，この投げかけを自然な形で子どもにできる場面はありませんか？　まずはそこからご自身の授業を検証してみてはいかがでしょうか？　もしないとしたら，それはもしかしたら，子どもたちに考える自由を与えていない展開なのかもしれません。道徳は，あらかじめ決まったことをおさらいするようなニュアンスが強いので，知らず知らずのうちに子どもたちの思考も固まってきてしまいがちです。だからこそ，思考の自由度を増やしてやらねばなりません。そのためには，板書の自由度を増やしてやることです。

　とはいっても，はじめはなかなか自分から黒板に出るのは抵抗があるでしょう。ですから教師の方から背中を押してやります。そのときに効果的なのは，言葉でくどくど説明させるのではなく，図や線，顔などを描かせながら，どうしてそういう図を描いたのかを説明で補足させるようにすることです。これはある意味感覚勝負ですから，語彙力に長けていなくても誰でも描けますし，「どうしてそういう風に描いたの？」と聞いてやれば「だって」とすぐに説明が始まります。大勢で黒板に書きに行かせるという手もあります。「誰か思いついた人，黒板に付け足しをしてきてください」と言ってしばらく様子をみます。一人行けばしめたものです。一人が二人になり，気がつくと座っている子の方が少ないときもあります。そうなったら逆に「人数制限」をします。「あなたとあなた，行ってきて」「はい，今書いてくれたけれど他のことで書き足せる人いたら行ってらっしゃい」といった感じです。

ポイント
・まずは「黒板は自分たちの考えを書いてよいところなんだ」ということを感じさせてあげましょう。
・次に，「黒板に書くことで，他の人が付け足しや意味づけをしてくれて，さらに広がるんだ」という効能を実感できるように仕組みましょう。

34 構造的な板書をつくる

構造的な板書をつくると、教師も子どもも考えやすく、わかりやすくなります。

先生，三つめがあるよ

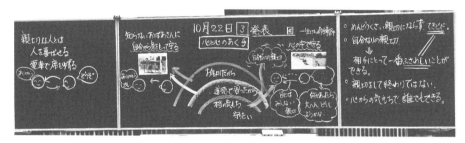

　これは4年生の「心と心のあく手」(わたしたちの道徳)の授業のときの板書です。おばあさんの荷物を持ってあげようと声をかけた「ぼく」の行動に対する考え方として
①お年寄りだから
②道徳で習ったから
という二つの「動機」を子どもたちが見つけました。それをもとにして授業を進め、「ぼく」がおばあさんの手助けすることなく、ただ見守っている場面との比較を行いました。
　当然ですが、声をかけた「ぼく」と、声をかけずに黙ってついて行く「ぼく」では、様相的に声をかけた方が親切度が高いように感じます。けれど，

声をかけずにおばあさんの頑張って歩く姿を見守る方が，なんだかわからないけれどいい気がするというのです。
　さらに深く考えていくうちに，声をかける方は「身をもって守る」，声をかけずに見守る方は「心の中で守る」という違いに気づき，この「ぼく」は面倒くさいから声をかけないのではなく，お年寄りだからでも道徳で習ったからでもない，もっと別の心からそのような行動をとったのだということに気がついてくるのです。そういうことがわかってきたとき，Tくんが「先生，三つめがある」と言ったのです。
　その三つめとは……
③おばあさんを守りたいという，本当の気持ち
だそうです。

授業構想がそのまま板書構想に

　このように，構造的に描きながら考えると，子どもたちの方からそれを拠り所にして，層的構造的に価値を捉えることができるようになります。価値を考える「ものさし」の一つなのですが，これがけっこうオールラウンダーなんです。多面的・多角的な思考を広げるのにも役立つので，この見方をもっておくのとおかないのとでは大違いです。
　私は教材を読むとき，この構造図をもとにして分析します。すると価値のよさが見えてきます。そして「この図を黒板に描いて，子どもたちに補足してもらおう」というように，そのまま板書計画になります。
　指導案に教材の分析図を入れている実践をよく目にしますが，あらすじをまとめているだけだったり，国語の文章構造図の真似をしていたりで，あまり役立っていないのではないかと思うものもあります。価値の構造化をして図式化し，教材に当てはめて考え，それを板書構想にすると一石二鳥どころか三鳥，四鳥の効果が得られるかもしれませんよ。

35 板書の図式化を行う

比較・分析の理論，ブレーンストーミング的な思考の広がりなどなど，図式化を活用するとみえないものがみえてきます。

ウェビングマップ

　いくつかの「窓口」を決めてそれを黒板に提示し，そこから思いつくことを自由にかかせます。文字でも絵でも記号でも構いません。子どもたちの発想の広がりは，こちらの予想を上回るものとなります。

時系列をベクトルで示す

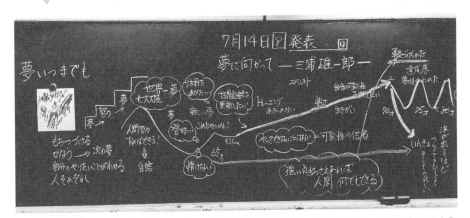

　この板書写真は，6年生で行った「希望と勇気，努力と強い意志」の授業で，三浦雄一郎さんの生き方について考えたときのものです。

　エベレスト登山を70歳，75歳，80歳と3度も達成することができた三浦さんを支えるものや，なぜがんばり続けることができるのかについて考えました。そのときに，
①エベレスト登頂にチャレンジしようと思う前のこと
②もしチャレンジしていなかったらどのような人生を歩んでいたか
③この後のこと
について，ベクトル（矢印）を色分けしながら描き分け，それをもとに考えることで，子どもたちの思考の広がり（多面的・多角的思考）を刺激することができました。

ポイント

・図式化は低学年の専売特許ではありません。
・大人も図式化することで理解が早まったり，深くなったりします。比較とあわせて効果的に使いこなしましょう。

36 ノートと連動させる

教科化の動きに伴い,道徳ノートの活用も注目されていますね。板書と道徳ノートとの連動も大事な要素です。

ノートは板書の記録用紙ではない

右の板書を見てください。

4年生の授業が終わった休み時間の一コマです。授業が終わっても書き続け,考え続ける子どもたち。そして下がそのときの道徳ノートです。

黒板に書かれたものと似ているけれど,違うことがわかりますか? 一人ひとりがこのように,板書も参考にしながら,自分だけのノートを書きながら思考しているのです。

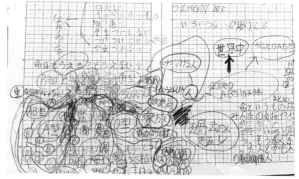

思考を深め,広げるためのパートナーとして

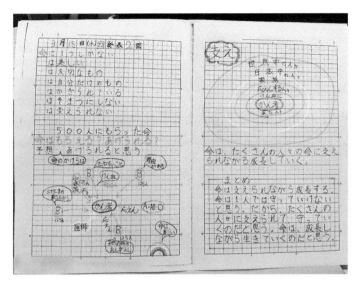

　このノートも同じ授業のときの,別の子どものノートです。同じ授業ですから同じ展開,同じ板書をもとにしているにもかかわらず,ノートの記述が全く違うのです。これはどういうことでしょう。

　一人ひとりが自分の思考パターンを用いて考えているのです。考えることは同じでも,その方法がみんな違う。このように,板書を記録ボードにせず,考えるきっかけを与えるサポーターとして使うと,子どもたちは思い思いの世界に入っていくのです。

ポイント

・黒板を子どもたちの思考を広げるパートナーとして開放し,子どもの人数の分だけ多面的・多角的に考えさせるようにしましょう。
・黒板には観点だけ示し,あとは子どもたちの自由な発想に任せましょう。
・各自のノートに,さらに個別的な考えをどんどん書かせましょう。

37 板書の「シメ」を考える

板書の「シメ」はどうするのがよいのでしょうか？
大きく分けて「授業内完結型」と「授業外発展型」の2種類があります。

授業内のシメ・授業外のシメ

「シメ」というと，45分の授業のまとめをして切りよく終わるみたいな感じがありますね。もちろん，教科として行うわけですから，ねらいもありますし，評価の観点も出てきます。ねらいがどの程度達成できたかどうかを評価するためにも，学習としてきちんとケリをつけなければならないという発想は重要です。何を学んだかということですね。

それは大事なのですが，問題はシメ（まとめ）方です。教師がシメてしまわず，子どもたちにシメさせたいものですね。道徳ノートにまとめさせたり，キーワードを考えさせたり，最初と最後の意識の変容を発表させたり，方法はいろいろです。

また，それと同じくらい大切な要素として，「授業中にそれがわかったなら，このあとの人生はどのようなルートをたどるだろう」という，授業中には行きつけなかったところまでを見通す活動です。これができてはじめて本当のシメと言えるかもしれません。

希望と勇気,努力と強い意志の授業の「シメ」

　上の板書は,3年生の「希望と勇気,努力と強い意志」の授業の板書です。
　授業内のシメは,「自分をステップアップさせるために必要なことは何か」というテーマに対し,「はじめはA～Eを考えたけれど,授業をして足りないものに気づきました。それは『前を向く,自分から取り組む,足りないところを考える』です」というように,本時の学びを自分の言葉でまとめることです。そして次に,「はかせになることができた3人組(本教材の主人公)だったら,そこで終わらず,もっともっと興味あることを調べ続け,いつか本当にすごいことができるかもしれない」というような,前向きな自覚とともに余韻をもたせて授業を終えることも大切なポイントです。
　シメというと,往々にして授業の終わりを宣告するようなイメージで,無理やりつじつま合わせをしたり,感想を書かせたりしますが,もっと積極的なシメの使い方がありそうです。

ポイント

・「シメ」には授業の学習内容を再確認し,授業を終える役割と,子ども自身の成長の記録を押さえる役割があります。
・価値観を子どもたちに押しつけるのではなく,自然にシメる方向を意識しながら授業に臨みましょう。

38 評価につながる板書の見取りをする

1時間の学びの成長を見取ることが評価につながるポイントです。(流れが見える板書,評価につながる板書)

板書にストーリー性をもたせる

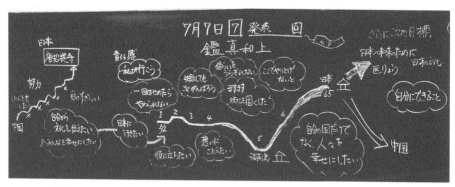

　この板書は,高学年の「希望と勇気,努力と強い意志」を主な内容項目とする「鑑真和上」の授業です。この板書を見ると,すぐにそのときの展開が思い浮かびます。「ここでこのような発言があって,このポイントが共有でき,そこからこのような問い返しをして,最終的にはここまで深めることができた」というように。それはなぜかというと,授業展開に一本筋を通して

いるからです。はじめに問題意識をもたせ，それを解決するために授業で議論し，最終的なまとめに至る。つまり，「はじめは○○のような意識だったのが，授業中の話し合いによって気づきや深まりがあり，結果的に□□という結論を出すことができた」というようなストーリー性です。そのような授業をすると，この授業だけでなく，どの授業の板書もそのときの光景がよみがえってくるようなものとなります。

子ども自身に振り返りをさせる

　ストーリー性がある展開は，教師だけでなく子どもたち自身も授業を振り返りやすいでしょう。自分の意識の変容を自己評価させることが容易になります。つまり，板書を通して授業を振り返ることができるようにすると，教師は全体の流れの中で子どもたちの意識の変容を見取ることができますし，子どもたちは自分だけの学びを自覚することができます。

　つまり，教師による授業評価と，子どもによる自己評価が同時にできてしまうのです。そしてそれを記す道徳ノートがあれば，教師は全体像を板書で把握し，個別像を道徳ノートで押さえながら，一人ひとりの見取り（評価）を，より具体的に，効果的に行うことができるのです。

　授業前には個性は大事だとしか思っていなかったけど，授業後は個性というのは人それぞれがちがって，ちがったみがきかたがあるから，新しい自分にレベルアップしようと思いました。（Tさん）

　最初は，「個性」は，「ある」ことを中心としていたけど，授業後は「生かす」ことを中心に考えられるようになった。（Nくん）

　これは6年生の道徳ノートの記述です。個性の伸長の授業でしたが，2人とも45分間の意識の変容を，具体的な自分の言葉で明確に表現しています。これは見取るまでもなく，そのまま個人内評価につながります。

39 1年生の定番教材で発問と板書を構想する

最後に、学年ごとの定番教材をもとに、具体的に考えていきましょう。
1年生は「二わのことり」「黄色いベンチ」の実践を紹介します。

二わのことり

1年生定番中の定番,「二わのことり」(友情,信頼)です。

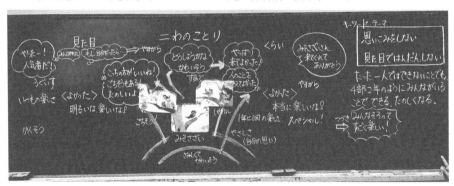

板書【なかよく～する】
T:では,【～】に言葉を入れてごらん。何が入る?
C:仲良く遊ぶ。 C:仲良く元気にする。 C:仲良く話す。
T:そうだね,楽しそうだね。
T:このお話の中で「仲良しなのは誰かな」と考えながら読んでね。
※教材【二わのことり】読み聞かせ

T：この中で仲良しはだれですか？
※多くの子がみそさざいとやまがらの絵を指さす
T：えっ，うそ？　一緒に遊んでいるのはどっち？　一緒に食べているのはどっち？　みんなと一緒に行っているのはどっち？　一緒に元気にしているのはどっち？　仲良く話しているのはどっち？
※子どもたちはうぐいすの絵を指さす
T：ということは，うぐいすの家の方が楽しいし，仲良しでは？
C：違う！　あっち！（やまがらの家）
※多くの子がみそさざいとやまがらの絵を指さす
C：うぐいすの家の方が，何人もいっぱいいておしゃべりをしている。
T：そうだよね。みんなで仲良くしているよね。
C：だけどさ……。
C：うぐいすの家は楽しそうにしていて，やまがらの家は誕生日なのに誰も来ないで花も飾ったのに悲しい。
T：なるほど。みそさざいは他のことりたちとちょっと違って，いろんな人たちのことを考えて最後にやまがらの家に行ったんだね。みそさざいは「誕生日なのにかわいそうだな。だれか一人くらい行ってあげた方がいいな。仕方ない，ぼくが行ってあげようか」と思って行ったんだと思う人？　そうじゃない気持ちで行ったんだと思う人？
※どちらも均等に手をあげる。
C：やまがらの家はお誕生日に一人ぼっちはかわいそうだと思って勇気を出していったんだと思う。
C：誕生日だから1回くらい行こうと思った。
C：誕生日は1年に1回だけど，うぐいすの家の音楽のお稽古は何回も行けると思うから行った方がいいなと思った。
T：それで行ったらどうだった？　みそさざいは？
C：来てよかったと思った。
T：「来てよかったな」。あれ，こっちにも「よかった」があるぞ？「やっ

ぱりうぐいすの家に来てよかった」,「やっぱりやまがらさんの家に来て　　よかった」。あれ？　両方よかったがあるぞ？
C：「ことりたちのよかった」と「みそさざいのよかった」は違う。
T：なんか違う？
C：うん違う。全然違う。心が違う。相手の心と自分の気持ち。
C：でも，みそさざいさんは「かわいそうだな」と思って，やまがらさんの　　方へ行った。
C：じゃあ，どうしてうぐいすの家でみんな楽しそうになっているのに，み　　そさざいは楽しくならなかったの？
C：やまがらの家はかわいそうだと思って行きたくなっちゃった。
T：こういう心でみそさざいはやまがらさんの家に行ったんだよ。相手のこ　　とを思って「相手が喜んでくれると自分もうれしい」と思っていろんな　　ことを言ったりやったりすると，何だか自分もうれしくなっちゃった。　　そういう友達なんだね，みそさざいさんは。みんなはこの中の誰と友達　　になりたいですか？
T：うぐいす？　ごちそうもらえるよ？
※誰も手をあげない。
T：ことりたち？　ワイワイガヤガヤできるよ？
※誰も手をあげない。
T：みそさざい？
※多くの子が挙手
T：やまがら？
※多くの子が挙手
C：やまがらとみそさざいの方だけど，うぐいすも一緒にお友達になりたい　　し，みんなお友達になりたい。
C：あぁ～。
T：みんなっていうのは，好きな人同士とか，この人だけとか，自分の仲良　　しグループだけではなくて，みんななんだ。こういう心がもてたら本当

にみんなと仲良くできるかもしれないね。
C：わたしはやまがらとみそさざいと友達になりたいと思います。なぜかというと，人のことも考えて，やさしくしてくれるから友達になりたいと思いました。
T：そうだね，そういうお勉強だったね。○○さんが言ったことわかった？それに気がついた人はきっと友達同士で仲良くなれるかな。そういう心を使って生活をしたらどんないいことがありますか？
C：友達がたくさんできそう。
C：仲良くしていける。
※その場に立ち，手をつないで「さんぽ」を歌う。
T：終わります。

「うぐいす」「やまがら」「みそさざい」の比較の中で，子どもたちはそれぞれの鳥の友達関係のよさや問題点を見つけられるようになります。本授業で顕著だったのは「うぐいすの家の『よかった』」と「やまがらの家の『よかった』」の違いを比較させたときの子どもたちの反応です。「全然違う！だって……」とここからギアが入った感じがします。これが子どもと授業をつくっていく醍醐味です。

ポイント
・うぐいすのところにいるみそさざいと，やまがらの家にいるみそさざいの，両方の友達レベルを考えさせましょう。
・「よかった」という，両方にあるキーワードを利用しましょう。また，「他の小鳥たち」にも視点をあて「みそさざい」との違いを考えさせましょう。
・本時の学習で気がついたことやいいなあと思ったことを書かせたり，言わせたりしましょう。

黄色いベンチ

次は,「わたしたちの道徳」にも掲載されている「黄色いベンチ」です。これも超定番ですね。

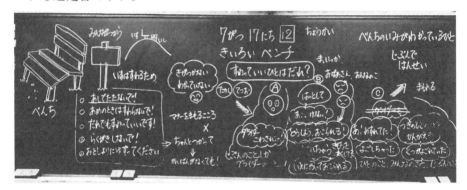

T：「黄色いベンチ」に看板を立てるとしたら何と書きますか。
C：どろのくつでのらないで。
T：では,きれいなくつだったらいいのかな。
C：だめ,いけない。
C：いすは座るためにある。
C：ちゃんと使えばみんなのものになるね。
T：たかしとてつおはそこに気がついていなかったんだね。みなさんはよく気がついたね。
T：たかしとてつおのよいところはどこだろう？
C：「はっ」と気がついたところ。
T：なぜ「はっ」としたのだろう？
C：グライダーをこわされてしまう。（A）
C：どうしよう,怒られる。（B）
C：次につかう人のことを忘れていた。（C）
（本授業では子どもたちからこの3種類が出されたので,黒板に顔の絵を描

きながら並列の形で書いた）。
C：二人はCに気がついたところがよかった。
T：BとCの違いは何だろう？
C：Bは自分のことしか考えてなくて，かくそうとしている気持ちがある。
C：Cは人のこと，みんなのことを考えている。
T：Cに気がつける人がふえたらどんな公園になるだろう。
C：きっとかんばん（きまり）がなくても自分で考えて，守れるようになる。
C：ベンチの意味がわかって，自分で反省できるし，もっときれいな公園にできる。
T：これは公園のベンチだけの話ですか。
C：いや，いろいろなものにつながる。
C：Cみたいにつかうと，人も自分も気分よく使える。
T：そういうことに気がついたみなさんなら，きっときまりがないところでも，自分で考えて，気持ちよく使える人になれそうですね。

　子どもたちの言うCの世界が公徳心をもとにした世界であり，本質でしょう。「きまりだから守る」があり，次に「きまりだから守るのではなく，自分たちがよりよく生活するために守るべきことがきまりになっている」という世界があり，そして最終的に「きまりでなくても守る」ということを考えられるようになります。

ポイント

- 「はっ」とした大本（おおもと）の気持ちを考えさせましょう。
- 図式化して比べさせるとわかりやすいです。
- 「きまりを生むもの」を考えさせるようにしましょう。
- 子どもたちの反応を受けながら，行けるところまで行きましょう。
- 公園のベンチだけでなく，他の公共施設にもつなげましょう。

40 ２年生の定番教材で発問と板書を構想する

次は，２年生の定番「およげないりすさん」（友情，信頼・相互理解，寛容），「ぐみの木と小鳥」（親切，思いやり）の実践を紹介します。

およげないりすさん

これも「わたしたちの道徳」に掲載されている教材ですね。

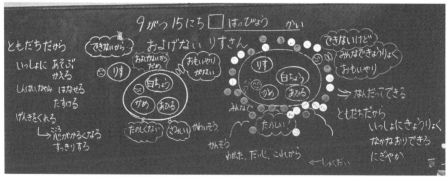

T：友達だからできることって何ですか。
C：一緒に遊べる。
C：元気をもらえる。

T：3羽で遊んでいたときと，りすさんを連れて4羽で遊ぶときとの，カメさんたちのちがいは何ですか。
C：3羽のときは「りすさんが泳ぎを『できないから』一緒に遊べない」だったけれど，4羽のときは「『できないけど』一緒に遊ぶ」になった。
C：思いやりが違う。
C：4羽でいると，みんなで協力できる。
T：みなさんはどちらの仲間に入りたいですか。
C：4羽でいる方！
C：だって，その方がなんだってできそうだから！
T：もう一度「友達だから…」を考えてごらん。
C：友達だから，一緒に協力できる。
C：仲直りできる。
T：みなさんがみつけた「友達パワー」を使ったら，きっともっと協力していろいろなことができそうだね。けんかしても，仲直りできそうだね。

　このように，3羽でいるときと4羽でいるときの友達関係の比較をさせることで，異質な他者を受け入れるよさがみえてきます。
　また，3羽でいるときを批判させるのではなく，そこから相談してよりよい方向性を考えたカメたちのよさに着目させましょう。
　最後に，導入と同じ発問をする意図は，子どもたちの意識の変容を自覚させ，自己評価につなげるためです。と同時に，手立ての有効性を教師自身も検証できます。

> **ポイント**
> ・友達関係の比較を本教材の「キーワード」を使って行いましょう。
> ・「泳げない＝異質」に対する心の使い方で，大きく変わることに気づかせるようにしましょう。
> ・導入と終末で同じ問いをして，意識の変容を見取りましょう。

ぐみの木と小鳥

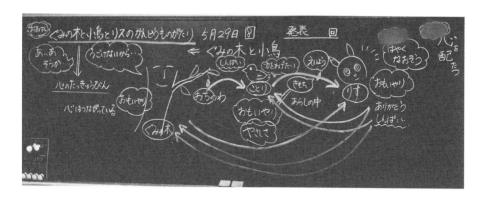

　これは，平成24年の実践ですが，今でも忘れられない板書です。このときの子どもたちは，板書を見ながらどんどん発想を広げていきました。

T：ぐみの実にはどんな意味があったのかな。
C：早くよくなってねという心配の気持ち。
　　（黒板にぐみの木から小鳥へ，小鳥からりすへとぐみの実が渡る線を描く）
C：先生，ぐみの木さんからりすさんへも（線が）出ているよ。
T：え？　でも，ぐみの木さんは動けないからりすさんへは何も届けていないよ。
C：思いやり，やさしさを届けているんだよ。
T：どういうことですか。
C：「早く元気になって一緒に遊ぼうね」って。
C：先生，「思いやりの輪」だよ。
C：先生，黒板が笑ってる！
T：え？　どういうこと？
C：ほら，みんなが笑顔なんだよ。

T:小鳥さんは大変な思いをしているのに,笑顔なのかな?
C:うん,だって,自分もぐみの木さんからやさしさをもらってうれしかったから,それをりすさんにも分けてあげたくなったんだよ。
T:なるほど,みんな笑顔なんだね。
C:先生,ぼくこの「思いやりの輪」に感動した。
C:先生,題名変えようよ!
T:え? どんな風に?
C:「ぐみの木と小鳥とりすの感動物語」!

　一度スイッチが入った子どもたちの発想は留まるところを知らず,広がっていきます。最終的には,その子たちにしか創り得ない,一つの作品としての,一期一会の板書のできあがりです。下は別の実践です。同じ教材を使った授業なのに,全く違うものになります。

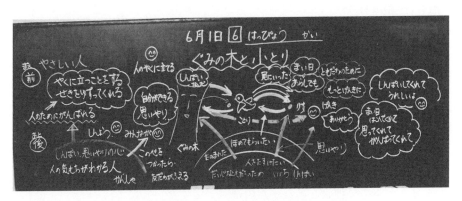

ポイント

- 「子どもと一緒に板書をつくる。授業をつくる」。できあいの板書計画に子どもを付き合わせるのではなく,子どもと一緒につくりましょう。
- 「ぐみの木」「小鳥」「りす」を描き,互いの心のやりとりを子どもたちの発言に合わせて書き込みながら,板書を仕上げていきましょう。

41　3年生の定番教材で発問と板書を構想する

3年生は「ないた赤おに」（友情，信頼），「お母さんのせいきゅう書」（家族愛）の実践を紹介します。

ないた赤おに

　この授業では，赤おにと青おにの友達に対する思いの違いを考えさせます。
T：青おには誰のことを考えていますか。
C：赤おに（青おにから赤おにへの思いを矢印で描く）。
T：それに対して赤おには？
C：人間のこと。自分のこと！
T：ということは，赤おにと青おにはずいぶん思いが違いますね。
T：2人が本当に仲良しになったのはいつですか。
C：青おにがいなくなってしまったとき。身体は離ればなれになってしまったけれど，心が一番つながったのは最後だから。
T：赤おにはなぜ泣いたのかな。
C：本当の友達をなくしてしまったから。
C：先生，この2人なら（教科書には書いていないけど），きっとこのあと青おにが戻ってきて，仲良く暮らすんじゃないかな。

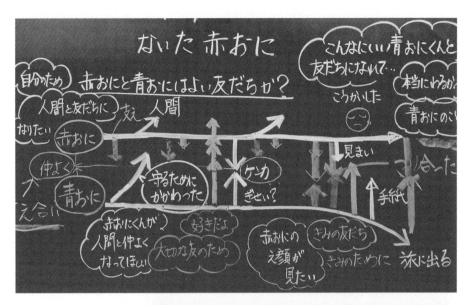

このように、Bの視点の場合は、双方の心の向きを矢印で示すと関係性が分かりやすくなります。矢印は長さや色、太さや向きにもこだわると、さらにいろいろな発見があります。

ポイント

・赤おにと青おにのはじめの頃の意識、青おにがいなくなってしまった最後の意識を時系列で追っていきます。
・2人の友達レベルが決して同じではないことに気づかせます。
・2人のその後までを視野に入れて子どもたちの話を聞きます。

お母さんのせいきゅう書

T：(「お母さんのせいきゅう書」と板書) 請求書って何かわかる？ これだけ払ってくださいという請求書ですね。値段が高ければ高いほど，値打ちは？

C：ある。

T：今日の「お母さんのせいきゅう書」では，どちらが値打ちがあるかな？ 考えながら読みましょう。

T：どっちが値打ちがある？（二つの請求書を板書する）

C：(お母さんの請求書の方に挙手)

C：お母さんの請求書には心の値打ちがあって，ブラッドレーの請求書の方にはお金の値打ちがある。

C：誰にでも書けるブラッドレーの請求書じゃなくて，お母さんとブラッドレーの家族にしか書けない大切な請求書。

C：ブラッドレーもお母さんを支えていると思う。なぜかというと，ブラッドレーが今までいてくれて，ありがとうということ。

T：ああ，この中（お母さんの請求書）のメッセージね，いてくれてありがとう，今までね。ということは，お母さんの請求書はどれくらい続いているの？

C：生まれた頃から。

T：生まれた頃からずっと続いているんだ。だから，この場限りのことではないんだ。ブラッドレーのはこの場限りなんだ。

T：ああ，これからもいてくれてよろしくね。こっちもですね。（矢印を伸ばす）なるほど。お母さんの請求書にはいろんなたくさんのメッセージが入っているんだね。

C：加藤先生も子どもが支えになったことある？

T：あるある。

T：ところで，ブラッドレーはなぜ泣いたのかな。
C：ぼくを生んでくれてありがとうという，うれし涙とうれしい気持ち。
T：うれし涙なんだ。悲し涙ではないんだね。
C：その涙は，後悔の涙で，後悔の涙は，今までお母さんの大切さをわからなくて，自分が反省した。
T：そこまで気づけなくてごめんね，お母さん。何かが変わったんだね。気づけてうれしかったんだね。
C：その後に，気づけてうれしかった。
C：優しい気持ちを他の人にも伝えられるようになる。
T：家族だから嫌なことを言ったり，喧嘩したりすることもあるよね。でも，それも意味を考えると，家族だからできることで，嫌だなあと思ったことでも，こういうことがあったのかなあと思えたらまた変わってくるかもしれないね。終わります。

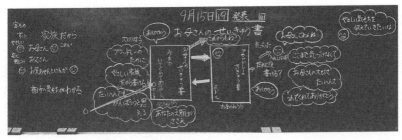

授業中，「先生は（親として）どうなの？」と聞かれたとき，はっとすると同時に，同じ仲間として話し合いに参加させてもらっている気がしました。

ポイント

- 0セントの請求書の意味を考えさせながら，母親の無償の愛に気づかせましょう。
- ブラッドレーの請求書と母親の請求書との質の違いに気づかせます。
- 時系列で考えさせ，「生まれてからずっと」の思いを考えさせます。
- 子どもたちが気づかない部分は，親の声を聞かせて補足しましょう。

42　4年生の定番教材で発問と板書を構想する

4年生は「うれしく思えた日から」（個性の伸張），「心と心のあく手」（親切，思いやり）です。両方とも「わたしたちの道徳」に掲載されています。

うれしく思えた日から

T：「個性を……」の後に言葉を入れてください。
C：個性をよく生かす。
T：この話の中のぼくは，個性をどのように生かしたかを考えながら読みましょう（読む）。
T：「ぼく」のよさは何ですか。
C：肩が強いこと。
T：では，肩が強かったから他のこともできるようになったの？

C:え〜っと,そうではないのでは。
C:自信をもったら,他のこともできるようになった。
T:「ぼく」のよさは肩が強いことだけ？
C:そうじゃない。
C:友達の言葉を励みにしてがんばった。
C:自分のいいところを考えられた。
T:「1年前のぼくではない」と書いてあるね。ぼくはぼくじゃなくなっちゃったのかな？ 「鉄棒もとび箱も苦手なぼく」と「1年前とはちがい,いろいろできるようになったぼく」,どちらがぼくらしいのかな？
C:いろいろできるようになったぼく。
C:違う人に変身したわけではなく,気持ちが変わったんだよ。
C:自分らしい生き方をしている。
C:長所を伸ばしたぼくになった。
T:なるほど！ では,短所はない方がいいのですね？
C:いや,あった方がいい。
C:短所が目標をつくってくれるから。
T:そうかあ。そのように自分らしさを伸ばしていくことができたら,どうなるの？
C:短所は長所になる。長所はもっと最高な長所になる。
C:先生,長所をそのままにして生かさないと,短所になっちゃうよ。
T:そうだね,そうやってよく生かしていくと,最高だね。みんなイチローになれるかな？
C:なれない！
T:なれないの？
C:心の中がイチローになる。
C:道は人によって違うから,みんながイチローになるのではない。
C:自分の道をどうやって歩くかが大事なんじゃないのかな。

このように，子どもたちは個性を生かすというのは，ただ単に長所を維持するだけでなく，長所はさらに伸ばし，短所はそれを目標に変えて改善すればよいということに気づきました。
　だからこそ，人の持ち味はみんな違うからこそ，それを生かした生き方も人それぞれであり，最終的な歩む道は人によって違うということです。だからこそ，イチロー自身になるのでなく，心の中がイチローになると言ったのでしょう。けだし名言ですね。
　最後に，本時の授業ではないのですが，私が担任した3年生の感想を紹介します。

　「自分は自分，人は人」と，小さい頃からよく言われました。でも，やっぱり人のことをうらやましく思うことが今でもあります。
　人のことをうらやましく思うのではなくて，その人のことをすばらしいとみとめて，だけど，自分には自分のすばらしいところがあると，自信がもてるようになりたいと思います。
　いろいろなことを見たり，聞いたりしながら，人にはない自分のよいところを見つけられたらよいと思います。

　このように，人との比較ではなく，自分自身の持ち味を考え始めようとする姿勢がみられます。
　これが道徳的実践に向けた前向きな態度です。

ポイント
・個性を特長ではなく，特徴と捉え，長所短所両面から考えさせましょう。
・努力や成長によって「変わる自分」と別の要素で「変わる自分」との違いに気づかせましょう。
・「変わる自分」と「変わらない自分」，どちらが自分らしいかの比較をさせましょう。

心と心のあく手

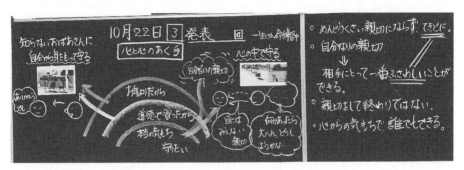

　この授業では，「おばあさんに声をかけたぼく」と「だまってついていったぼく」の違いを考える。

T：どちらがおばあさんに親切にしているでしょう。
C：最初の方。
C：でも，後の方がいい気がする。
T：なぜ，最初の方が親切を実行しているのに，後の方がいいのですか。
C：最初のぼくは「知らないおばあさんに自分から身をもって守る」のだけれど，後の方のぼくは「一生懸命練習中のおばあさんを心の中で守る」だから。
T：なるほど，後の方は心を使っている。心遣いだね。
C：最初の方は「お年寄りだから」「道徳で習ったから」という理由でもできるけれど，後の方は何か違う。
C：先生，三つめの理由があると思う。
T：三つめですか!?　何だろう。
C：おばあさんを守りたい，応援したいという，本当の気持ち。

※ここで3番目の「親切を生む心」が子どもの方から出されたのです。そこで，板書にそれを付け足しました。

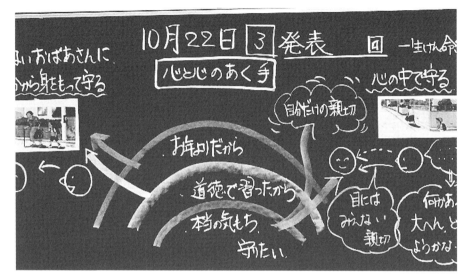

　これは導入時にその上の二つの層（「お年寄りだから」「道徳で習ったから」）を押さえておいたからこそ，子どもたちが気づいたのだと考えられます。このようなしかけを導入時に行っておくことで，本時の流れを子どもたち主体のものとすることができるのです。

T：どうして3番目の気持ちがあったと思ったのですか。
C：だって，ぼくはおばあさんを見かけて，「あ，この間のおばあさんだ。手を貸さなくていいんだった」と思って通り過ぎないで，ずっと後をついて行った。これはぼくとおばあさんにしかできない親切（心遣い）だから。
T：う〜ん，確かにそうだね。誰にでもできる物とは違う。そのような（3番目の）気持ちから人のことを考えられる人は，（その心を使うと）どんな親切ができるでしょうか。
C：その相手と自分にしかできない，自分だけの親切ができる。
T：なるほど，素敵な親切ですね。それを本当の親切と言うのかな（子どもの言葉を取り上げて意味づけや賞賛をします。これが道徳科の授業における評価だと思います）。

T：心と心のあく手はいつ，どこで，誰がしたのでしょう。
C：最後におばあさんとぼくがあく手をした。
T：おばあさんはぼくに気づいてもいないのに？
C：うん，親切というのは何かをして終わりというわけではないから。
T：そうかあ，では，最後に親切について，今日の学習でわかったことを教えてください。
C：相手にとって一番ふさわしいことができること。
C：心からの気持ちで，誰でもできる。
T：みなさんも，3番目の心を使って，素敵な人になってください。

　本実践は，担任ではない4年生の学級をお借りして，公開授業の形で行いました。この学級で授業をするのは3回目でしたが，担任の先生が普段から深く考えさせる発問の工夫をされた授業を行っていたので，できそうな手応えを感じていました。実際に授業をしてみると，予想通り子どもたちの自由な発想の中から本質的な意見が飛び交い，こちらの思っていた以上のまとめをすることができました。
　このように，本スタイルの授業は，訓練を重ねてようやくできるようになるという性質のものではなく，ポイントを押さえて行えば，どの学級でもできる可能性をもつ授業です。もちろん，自由な意見交流が保障され，そのよさを実感できている学級であるかどうかが前提ですが。

ポイント

・親切な行いというのは，ただ何かをすればよい，相手が喜んでお礼を言ってもらえると嬉しいというだけの話でもない。見返りを求めず，自らの相手を想う気持ちから自然に行為行動として表れるものだという押さえ（内容項目理解）を行いましょう。
・その上で，「どこまで行けるかは子ども次第」。覚悟を決めて，よりよく生きようとする子どもたちの発想に委ねましょう。

43 5年生の定番教材で発問と板書を構想する

5年生は「手品師」(正直,誠実),「シンガポールの思い出」(規則の尊重)です。

手品師

　もしかしたら,5年教材の中で一番使用頻度が高いかもしれないくらい,メジャーなものです。それはきっと,子どもたちが身につまされて考えるであろう展開であり,ジレンマ的に議論が深まる可能性があるからでしょう。または,「別のもっとよい方法はなかったのか」という問題解決的な議論が起こるであろうという多様な展開を期待してのことかもしれません。しかも最後は心がほっとするよい話です。

　けれど,どんなに議論を尽くしても,ゴールが決まっていることは事実です。もしこの話のエンディングが「手品師は大劇場を選んだ」という結末だったら,道徳の教材にはならなかったでしょう。と考えると,あらかじめ決まった答えに向かって既定路線を走らされる図式が見え透いてきてしまいます。それでは子どもたちは乗ってこないでしょう。だからこそ,答え先にありきの展開ではない展開を考えたいものです。

　そこで,本時では手品師の誠実性はどこにあるかというテーマで考えさせることにしました。

T:誠実な人とはどんな人でしょうか?

C：偽りがなくて正直な人。約束を守る人。
T：今日は「手品師」というお話です。手品師は誠実かどうか考えながら読みましょう（「手品師は誠実か？」と板書する）。
T：どうでしたか？
C：誠実だと思う。
T：そう思う人？
C：(挙手多数)
T：理由は？
C：男の子との約束を守ったから。
C：もし，手品師が大劇場に行ったら，「偽りがなく，正直な人」とは言えないと思う。
T：手品師の本当の願いはなんだったんだろう？
C：大劇場に出ること。
T：ということは，大劇場を選んだ方が自分に嘘をついていないのではないですか？　そう思う人？
C：(全員挙手なし)
C：男の子につく嘘は優しい嘘ではなく，裏切りの嘘。手品師は男の子を裏切る自分を許せなかったと思う。
C：大劇場に出るためにつく嘘は，嘘を使いこなしている感じがする。「僕にとっては大事な約束」とあるように，人にとってはそうではなくても，手品師にとっては大切で破ってはいけない男の子との約束だと思う。
C：手品師は，男の子が笑ってくれたからそれが嬉しくなってまた笑顔を見たいと思ったはず。手品師の仕事は，人を笑顔にすることだから，一人を笑顔にできないといけないと思ったのかもしれない。
C：でも，大劇場に行けば，大勢を笑顔にすることができるよ。
T：なるほど。手品師の仕事は人を笑顔にすることですね。大劇場に行けば，何百何千人を笑顔にすることができるかもしれません。男の子のところに行けば，一人の男の子を笑顔にすることができます。笑顔を増やすな

ら大劇場に行った方がいいのではないかな？
C：う～ん…ちがう気がする。
T：どうして？
C：男の子も観客の一人だし，男の子と約束をしているから。
C：男の子のところに行く方が真心がこもっていると思う。
T：真心について，みんなはどっちが真心があると思いますか？
C：(「男の子に披露する場面」に多く挙手)
C：大劇場に行くということは，悪い嘘をつくことになるから真心はないと思う。
C：でも手品師は両方行きたいと思ったかもしれない。なぜなら，大劇場の人にも悪い気がするから。
T：(大劇場に行く笑顔の手品師を描きながら) 約束したから仕方なく男の子の方に行ったの？
C：(多くの子どもが) 違う！
C：手品師は，男の子を笑顔にすることで自分も笑顔になるんじゃないかなと思った。
T：仕方なしではないんだね。
C：大切な約束をして男の子のために手品をするのと，大劇場に推薦されて手品を観客にするのとでは，手品師にとって違うと思う。
T：ただ観客が大勢いるよりも自分のことを思っていてくれる一人がいる方が自分も笑顔になれると思ったんだね。
C：大劇場はたくさんの人がいるけれど，男の子はたった一人しかいないから。
T：ならば，迷いに迷わずパッと男の子のところへ行けばよかったのでは？その方が誠実だと思いませんか？
C：手品師が大劇場に行きたいことも誠実だし，約束を守ることは男の子に対しても誠実だと思う。
C：電話してきた友人を裏切りたくなかったし，男の子も裏切りたくなかっ

たから迷ったと思う。
T：どちらも裏切りたくないと思ったんだね。
C：パンを買うこともできない暮らしぶりだから，大劇場に行けば困らないし大チャンス。でも，男の子との約束の方が大切に思った。でも，大劇場に行けば夢がかなうし，期待もかけられていたから迷ったと思う。
T：一生懸命考えていたところにも誠実さがあるということだね。
C：自分の夢と男の子との約束を守ることのどちらを優先するか考えることが素直なことだと思う。
T：みんなはどちらの手品を見てみたいですか？　大劇場での手品？　男の子の前で見せた手品？
C：(多くの子どもが「男の子の前で見せた手品」に挙手)
C：自分のために約束を守ってくれた手品を見たいから。
T：迷いに迷った手品師は誠実なのだろうか？
C：(多くの子どもが) 誠実だと思う。
C：迷いに迷って男の子との約束を守ることが誠実だと思う。
C：迷いに迷って大劇場へ行って，男の子が泣いたり悲しんだりしたら，それは良くないと思う。でも，もし大劇場に行っても，それで有名な手品師になって，男の子のところに来てくれたとしたら誠実だと思う。
T：なるほど。この手品師なら来てくれるかもしれませんね。さて，改めて誠実な人とはどういう人なのでしょうか？
C：自分にも人にも素直な人。
T：今日は誠実な人とはどういう人か考えました。誠実な人とはどういう人か，また手品師についてどう思ったかノートに整理して提出してください。

　板書は次のようになりました。大劇場へ行くか男の子のところへ行くかの二項対立だけではなく，何のためらいもなく行くのと，迷いに迷って行くことの違いについても考えさせるため，図式化し，矢印も色分けして考えさせました。

このような板書を横書きにして対比や図式化を行うことで、多くの気づきが得られるようになりました。

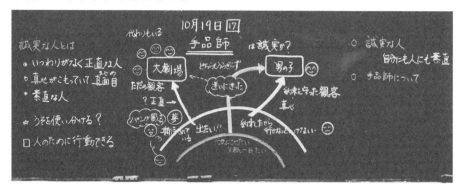

　手品師が一番やりたいことは「人を喜ばせる」ことで、その目標を達成させる手段が「上手な手品で大劇場に出る」ことだったのだと思う。
　その自分の本心から真心をもってやったことには、「あたたかさ」が感じられる。

　手品師は、はじめは（成功して）お金をもうけたいと思っていたかもしれない。私は、だから売れなかったんだと思う。
　でも、男の子と出会い、悩んで、人を喜ばせたいという自分の本当の気持ちに気づくことができた。
　それに気づくことができたのも誠実だったからだし、受け入れることができたのも誠実だったからだ。
　そして、根を直すことができた手品師は、次のチャンスはちゃんとつかめると思う。そして、そのチャンスをつかんだ手品師は、自分にしかできない手品をすると思う。

> 　よい生き方をするには，自分の本当の最初の夢や気持ちを忘れないことです。
> 　手品師は，自分が人を喜ばせる使命を忘れなかったから，男の子の方に行ったのではないかと思います。
> 　僕も，よいこと悪いことを正しく冷静に判断して，できるだけ誠実に近い人生を送っていきたいです。

　迷いに迷って，ついに男の子のところへいく決断をした手品師の誠実さを検討，検証するため，「迷わずに男の子のところへ行く手品師」と「なんのためらいもなく大劇場を選ぶ手品師」の二者を比較対象として提示し，考えさせたのです。
　このような比較をした結果，様々な要因を考慮に入れながら，最善の方法をとろうとする手品師の誠実さは，単に男の子のところへ行くという行動だけでは判断できないということを明らかにすることができました。
　また，「迷いに迷った上で，大劇場を選んだとしたら，手品師は誠実ではなくなるか」という問い返しに対しては，全員が大劇場を選んだとしても誠実だと答えました。つまり，この展開だと，「大劇場に行くこともあり」になるのです。問題は男の子のところへ行くか，大劇場に行くかではないのです。どちらを選んだとしても，自分の心のどこかにうそをついていることになり，どこかに誠実になっていることになるのです。そこから，「自分のどの心に誠実であろうとするか」が重要であることに気づきます。
　このような，はじめから見えている答えに向かって予定調和的に話を進めていくのではなく，異なる観点から多面的・多角的に考えさせる発問も，もっと開発していくべきだと思っています。
　結論は，自分の心の思うままの言動を取ることが誠実ではなく，自分のよき心にまっすぐであろうとする心が誠実だということです。

シンガポールの思い出

　これは規則の尊重をメインの内容項目とする教材です。罰則規定を厳しくして街をクリーンに保つ国と，そうではない国との比較から規則を守ることについて考えさせることができます。もし法が最上位であるような，純粋な法治国家であれば，法を守らせるために厳しいペナルティを課すという方法が正当性をもちます。けれど，道徳教育の世界ではそのような規則によって人間を拘束する世界に最終ゴールを置いていません。むしろ，規則がなくても守るべきことを守ることができる世界に価値を見出します。つまり，法で縛るのではなく，徳によって自ら進むべき道を選ぶのです。そのような意味で，「法治」に対して「徳治」という言葉を当てはめます。

　道徳が目指す「徳治国家」について考えを深めることができる教材であり，授業を展開する際には，そのようなことを念頭に置いた展開が望まれます。

T：□□□□□□だからきまりを守る。ここに言葉を入れてください。
C：法律があるから。（A）
C：人だから。（B）
C：理由はない。（C）
T：なるほど。では今日の話はきまりを守っている国の話ですが，きまりを守るのに理由があるのかないのか，考えながら読んでください（読む）。
T：理由はありましたか？
C：あった。
C：罰金を取られないように。
C：きれいな街にするため。
C：世界中の人にシンガポールに来てもらうため。
T：日本はどうかな？
C：きまりを守っていない人がいるからきたない所がある。

C:守らない人がいると意味がない。
T:ということは,よい世界はどっち？
C:シンガポールだな。
C:確かにシンガポールの方がいいけれど……。
C:でも,見張っている人がいなくなったらまた汚くなってしまうのでは意味がない。
C:日本のように自由にほったらかしでも困るよ。
C:シンガポールのようにきまりを厳しくして,それが守れるようになったらいずれはきまりがなくなっていくような世界がいい。
C:「Aきまりがあるけど守れない→B無理矢理守らされている→C自分で自分を管理する世界」というステップがあるのではないかな。
T:なるほど。(子どもたちの話をもとに,下のようなステップを描く)
C:Bはきまりを守ることが目的になっている。
C:Bはルールで縛る世界。Cは自分の意志で決める世界。
T:みなさんはどの世界に住みたいですか。
C:Cの世界がいい。

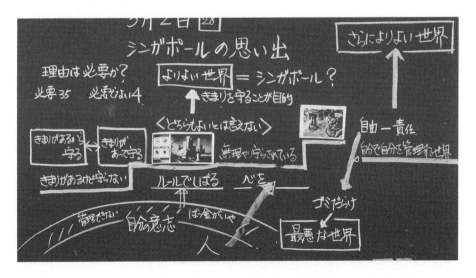

C：Bは,もしかしたら見張っている人がいなくなったら,きまりを守らない人が出てきてしまうかもしれない。
　Cは自由で自分の責任で決められるから,さらによりよい世界をつくれるかもしれないし,みんなが自由勝手にしていたらゴミだらけの最悪な世界になってしまうかもしれない。
T：そうですね。Cの世界に住んで,しかもよりよい世界にするためには,一人ひとりの意志が大事ですね。そのような「自分で自分を管理する世界」に住んでいるとどんなことができると思いますか。
C：罰金や管理者がいなくても守ることができる。
C：きまりが減る。
C：きまりでないことでも,自分で気づいて守ろうとする。
T：なるほど！　今だったら「□□だからきまりを守る」の中にどのような言葉を入れますか。
C：自分の意志だから。
C：自由だから。
C：自分で考えられるから。
T：はじめの考え方がステップアップしましたね。
　みなさんなら,Cの世界に住んで,よりよい社会をつくることができそうですね。
　最後に,きまりについてどう思うかを教えてください。

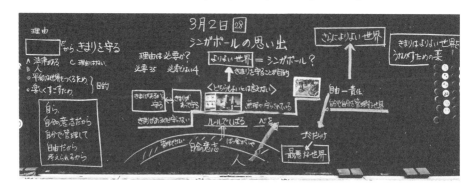

C:きまりはよりよい世界をうながすための薬。
T:そうか！　きまりがゴールではなくて，よりよい世界に向かうための薬なのですね。良薬は口に苦しと言いますが，薬を上手に使って，よりよい世界にしていきましょう。終わります。

　本時の授業展開のポイントをまとめると，次のようになります。

授業展開の要点

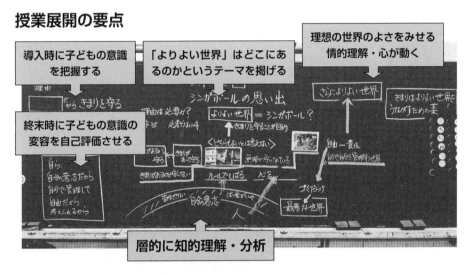

　子どもからは，次のような感想が出されました。

> 　きまりのない世界の中にも「きれい」と「美しい」がある。みんなが守ろうとするのは難しいけれど，それができるからこそマナーにすることができて，本当に気持ちよくなれるんだなあと思った。そして，それができる人は，きまりを荷物と感じないと思った。

　「きまりは荷物ではない」「よりよい世界をうながす薬」であるという認識をもち，きまりをマイナス面からではなく，プラス面から捉えることができるような展開にしたいものです。

44 6年生の定番教材で発問と板書を構想する

6年生は「ブランコ乗りとピエロ」(相互理解，寛容)，「最後のおくりもの」(親切，思いやり)を紹介します。

ブランコ乗りとピエロ

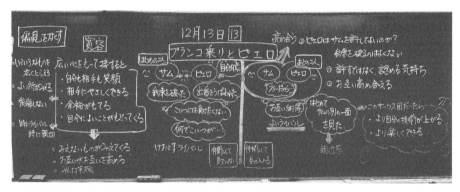

　本教材は，大王が参観に来る限られた1時間の中で，空中ブランコとピエロの曲芸を入れる約束だったのに，ブランコ乗りのサムが自分の演技に固執するあまり，時間をオーバーしてピエロの出番を奪ったという話です。ピエロが怒るのは当たり前でしょう。さて，その後，懸命に演技をしようとする

サムを見たピエロは，次第に怒りが静まり，最終的にはサムと和解し，2人のコラボで今までにないような演技ができるようになりました。最後に和解していることをもとに，どのような心をもったら，相手との確執をなくしてうまくやっていけるかを考えさせる素材としてわかりやすい展開でしょう。
　けれど，それをストーリーを追って考えさせるだけでは，おそらく「ピエロが広い心でサムを許したのが立派。みなさんも，何か不愉快なことがあっても，相手の立場に立って考えてあげて，仲良くしていきましょう」あたりの落としどころが関の山ではないでしょうか。
　そもそも，ピエロはサムを許してよいのでしょうか？
　どう思われるでしょう。これは大人でも意見が分かれると思います。というか，許してはいけないというのが社会的な一般常識ではないでしょうか。だとすると，一般社会では受け入れられないようなことを，学校教育ではよしとするということになってしまいます。だから，理想と現実の乖離などと言われてしまうのでしょう。このあたりの疑問＝問題意識を子どもたちにぶつける展開をしてみました。次のような展開です。

T：最初と最後のピエロの心はどのように変わっただろうか。
C：最初はサムを許せない気持ちが大きかったけれど，最後は許し合えた。
C：「けおとすライバル」が「よいライバル」にかわった。
T：どうして許すことができたのかな。
C：サムの本気が分かったから。
T：そんなことでサーカス団の約束事を破ったサムを許していいのかな。
C：許したのとは違うのかな，受け入れられるようになった……。
T：はじめのピエロとあとのピエロの違いは何だろう。
C：あとのピエロは，このときはじめてサムを見たのかもしれない。
T：どういうことですか？　他の人でわかる人いますか？
C：今まではサムのことを邪魔者として見ていて，本当のサムを見ていなかった。それがはじめてサムの別の一面を見ることができた。

T：なるほど！　偏見をなくして見ることができたということだね。
C：うん，そうしたら，サムが自分の中に入ってきた。自分にも同じところがあると気づいた。
T：ははあ！　同じところが見えてきたんだ。そうしたら怒りが治まったの？
C：怒りが治まって許したのではなく，お互い認め合ったのだと思う。
T：なるほど……みなさんは，最初と最後のサーカス団，どちらに入りたいですか，それはなぜですか。
C：最後のサーカス団。お互い高め合える。
C：きっと自分の技術がもっと上がる。

　ここから先は，子どもたちの反応を受けてまとめていきたいですね。

T：最後のピエロのような心でいたら，どんなことができるようになるかな？
C：きっと，お互いのことを認め合って，よりよい仲間ができる。
C：そういう仲間と協力できれば，一人ではできないようなことができる。

　最後は，子どもたちの発言をきちんと意味づけをして終わりたいですね。

　このように，「ピエロはサムを許してよいのか」というテーマから始まり，「そもそも許すということではない，ではピエロのサムを見る見方はどう変わったのか，それを変えたものは何なのか」というように，授業の中で子どもたちの「問い」が変容していきました。そこから，上から目線で相手を許す許さないという世界ではない広い心の世界が見えてきます。

　つまり，許すというのはどうしても義務的な要素が入ってきて，「まあ，相手に非はあるけれど，自分も同じようなことがあったしお互い様」というような消極的な感じです。それに対し，相手を認め，受け入れるという心には，偏見をなくし，自らの成長の糧とするような積極性がありますね。

　道徳は，消極的な児童生徒指導ではなく，積極的な児童生徒指導です。前向きに生きる子どもたちの支えとなるような授業をしたいものです。

「ブランコ乗りとピエロ」の，別のクラスでの実践とポイントを紹介しましょう。

二つに共通するのは「ピエロが結果的にサムと和解したのは，リーダーとしてこれ以上もめていたらサーカス団のためにならないという判断からなのか，はたまたやさしい心の持ち主だったからなのか，それとも違う要因からなのかを明らかにする」という観点をもって授業を展開した点です。

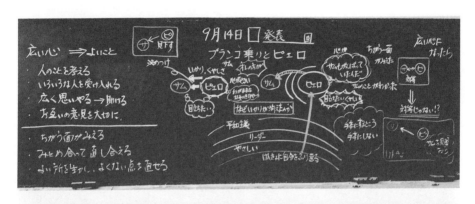

どちらの展開も，結果的にピエロは謙虚な気持ちでサムを見ることで，上から目線の偏見がなくなり，「違う人間がいていいんだ」という異質を受け入れる心からサムを許した（というか認めた）という結論になりました。

子どもたちが違えば自ずと展開も異なります。けれど，本質は同じです。

最後のおくり物

　この教材は「私たちの道徳」に載っている、親切、思いやりの学習材ですが、かなり高い世界が描かれており、子どもたちの実生活にどのようにつなぐかが思案のしどころかもしれません。
　私としては、このジョルジュじいさんがしたことは「親切」という言葉で片付けていいのだろうか？　という疑問をもってしまいます。読者のみなさんはいかがでしょう？
　6年生の締めくくりの授業として、「よりよく生きる」をテーマに考えてもいいかもしれませんね。本稿で紹介する実践例最後の一本として、展開をほとんどフルバージョンで紹介しましょう。

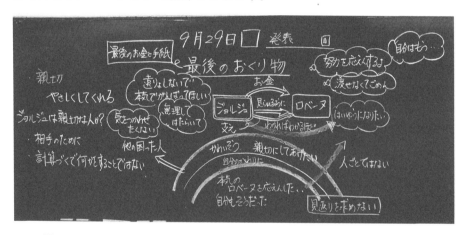

T：(「最後のおくり物」と板書する)
C：何だろう？
T：(教材の内容を示しながら) ジョルジュじいさんは親切な人なのでしょうか。どういう人なのか考えながら読んでいきましょう。まず、親切な人とは、どういう人でしょうか？(親切について分析的な視点で発問する)。

C：優しくしてくれる人。
T：では，ジョルジュじいさんは親切なのかどうか考えていきましょう（教材を読む視点を与える）。
（教材提示）
T：親切な人はいましたか？
C：（全員が挙手）
C：ジョルジュじいさんしかいない。
T：なぜ，ジョルジュじいさんは親切なのですか？
C：お金がなくて養成所に通えないロベーヌをかわいそうに思ってお金を送ったから。
T：お金を送ったことが優しいということですか？ 同じ意見の人？（「お金を送る＝親切」と発言する児童に対して，さらに行為のもととなる心情や意欲へ思考を深めさせる問い返しを行う）。
C：無理してまで働いて養成所の月謝を払ったから優しい。
T：無理して働いてまでしてお金を送った（児童の意見を共感的に受け止める）。
T：では，ジョルジュじいさんがお金を届けられなくなったら親切では無くなるのかな？ そう思う人？ そう思わない人？（批判的な視点から問い返し，児童の問題意識を高める。そして，児童に立場を選択させることで児童の主体性を高める）。
C：（多くが「そう思わない」と挙手）
C：ジョルジュじいさんにとっては，関係がないのに自分の命をかけてまでお金を送ったから。
T：どうしてそこまでできるのだろう？（さらに分析的視点からジョルジュじいさんの心の深層を探っていく）。
C：ジョルジュじいさんも俳優を目指していた頃があったから，ロベーヌを応援したいと思った。
T：なるほど，応援したかったんだね。（児童の意見を共感的に受け止める）。

C：ロベーヌの夢や目的を叶えてあげたいと思ってお金を送った。
T：ジョルジュじいさんは、ロベーヌの目的がわかったんだね。だから何とか応援したいと思ったんだね、なるほど（児童の意見を共感的に受け止め、整理する）。
T：「かわいそうだから」「親切にしたいから」という優しさからするのとは少し違うような気がするのですが、一緒ですか？（「一緒ですか？」と児童に投げかけた後、児童の考える様子から、すぐに意見を求めない。さらに以下のように問い返す）。
T：もし、他に困っている人がいたら、ジョルジュじいさんはお金を送るでしょうか？（状況の設定に変化を加え、比較検討させる。それにより、児童の問題意識をさらに高めることができる）。
C：何に困っているかによると思う。
C：ジョルジュじいさんは、ロベーヌを昔の自分と重ねたからお金を送った。
T：人ごとではなくなってきたんだね（児童の意見を共感的に受け止めながら、児童の発言を言い換える）。
C：ジョルジュじいさんは、ロベーヌの毎日努力している姿から本気を感じてお金を送ろうと思った。
T：その人の頑張りがわかればわかるほどやってあげたくなるんだね。
C：例えば、宝塚に似ている。自分が目指していたものと相手が同じものを目指していて、自分は入ることができなかったから、相手には入って欲しい気持ち。
T：自分の代わりになって欲しいということですか。このような考えもあったと思う人？
C：（多くの子どもが挙手。児童の発言を意図的に児童全体に聞き返し、児童同士の繋がりも大切にすることで「他者理解」を学級全体に促す）。
T：それならば、ジョルジュじいさんは、ロベーヌに隠すことなくお金を送ればよかったのではないでしょうか？「いつか返しておくれ」と伝えても親切なのではないでしょうか？　そしたら、ロベーヌも「頑張りま

す！」と思いませんか？
C：（全員の児童たちの表情が一瞬変わる。さきほどの発言をきっかけに，批判的視点から問い返す。児童の発言をもとに教師が発問を生み出していくことで授業に臨場感が生まれ，一層児童の問題意識が高まっていく）。
T：そう思う人？　思わない人？（児童に立場を選択させることで児童の主体性を高める）
C：（全員が「そう思わない」に挙手）
C：ジョルジュじいさんは，ロベーヌが本気で頑張れるのは，お金を名無しで送るのが良いと思ったから。
T：名無しで送れば，ロベーヌが本気で頑張れると思ったんだね（児童の発言を共感的に受け止める）
C：ロベーヌが，ジョルジュじいさんのお金だとわかったら，お金を返さなくてはいけないと思うから。
T：余計な気を遣わせてしまうと思ったんだね。ジョルジュじいさんは，ロベーヌが夢を叶えたらお金を返して欲しいとは思っておらず，本当にロベーヌのことを考えてお金を送っていたんだね。（児童の発言を共感的に受け止めながら，言い換える）。
C：ジョルジュじいさんは，ロベーヌに自分の意志で本気で頑張って欲しいと思った。
T：なるほど。ジョルジュじいさんは，ロベーヌに恩義を感じさせず，見返りを求めず，お金を送ったんだね（児童の発言を共感的に受け止めながら，言い換える）。
C：ジョルジュじいさんは，ロベーヌにプレッシャーを感じさせたくなかったから裏で支えたいと思った。
T：なるほど。裏でいろいろな形で支えたいと思ったんだね。では，このお話の「最後のおくり物」とはなんなのでしょうか？（登場人物の行為のもととなる心情や意欲と教材名「最後のおくり物」とのつながりを児童

に考えさせる分析的な発問を投げかける）。
C：お金や手紙はそうだよね。
T：いいと思う人？　付け足しがある人？（「お金」「手紙」は教材の文章の中に出てくる言葉。当然児童から出される想定内の意見。まずは，児童の発言を受け止め，「いいと思う人？　付け足しがある人？」と児童全体に投げかける）。
C：ジョルジュじいさんの思い。俳優になれなかったジョルジュじいさんのロベーヌを応援する気持ちがおくり物。
C：ロベーヌにお金を渡せなくてごめんなさいというジョルジュじいさんの気持ち。
T：ジョルジュじいさんに渡す義務なんてないのにね，そう思ったんだね。（児童の発言を共感的に受け止めながら，言い換える）。
C：ジョルジュじいさんは，ロベーヌを応援したかったけど，病気で休んでしまって，自分の命は長くないと感じたと思う。
T：ジョルジュじいさんは，自分の命は長くないと思ったけれど，それをロベーヌに伝えなかったのは，伝えることがロベーヌのためにならないと思ったからなんだね。だから，お金や手紙を送ったんだね。では，「ジョルジュじいさんは親切な人」なのでしょうか？　優しい人？でいいですか？（授業の導入で児童に問いかけた内容を授業後半で改めて考えさせ，児童の思考の変容を見とる）。
C：他の人のために本気で頑張ってくれる人。
C：自分の本当の気持ちに嘘をついて優しくする人。
T：ジョルジュじいさんは嘘をついて優しくしたのだろうか？（一見，児童たちの発言の文脈から外れた子の発言。しかし，その考えの真意を丁寧に聞き取ってあげることが大切である）。
C：ロベーヌは，ジョルジュじいさんからお金が届かなくなると途中困ってしまったり苦しんでしまったりすることはあったから。（Aさんの発言）
T：そうか，そうだとしたら最初からジョルジュじいさんはお金を送ること

はしない方がよかったのかな？そう思う人いますか？（考えの根拠を引き出し，受け止める。そして，改めてジョルジュじいさんの行為について問い直す）。
C：（挙手なし）
T：ということは，ジョルジュじいさんは何かせずにはいられないものがあったんだね（「何かせずにはいられないもの」を児童と丁寧に考えていくことが，よさを追求していく上で大切な視点の一つである）。
C：ジョルジュじいさんは，計算づくでお金を送ろうとしていたのではなくて，ロベーヌと同じように俳優を熱心に目指していたんだけど，俳優になることができなかっから，ロベーヌには夢を叶えて欲しいと思ってお金を送っていたんだと思う。
T：ジョルジュじいさんは，ロベーヌの才能を埋もれさせたくない，苦しませたくないと思ったんだね。もちろん，Aさんの言うように，ロベーヌを苦しませることもあったのかもしれませんね。ですから，ジョルジュじいさんがやったことは，100パーセント正しいかはわかりませんが，人として大切なことをジョルジュじいさんは教えてくれたのかもしれません。では，今日は親切な人についてジョルジュじいさんの姿を通して考えてきました。今日学習で「最後のおくり物」について自分はどう捉えたのか，みなさんから出てきた言葉などを使ってまとめましょう。（学習の振り返りを行い，児童自身の言葉で本時の学習をまとめさせる）。
T：短い言葉でまとめ，発表してください。（何人かを指名後，フィードバックをして終了）

45 道徳の評価を考える

今まで,発問や板書について考えてきました。最後に,道徳の評価についても考えておきましょう。

授業内評価

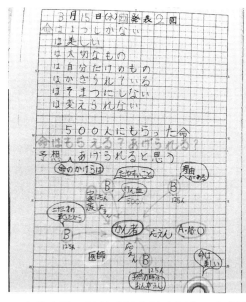
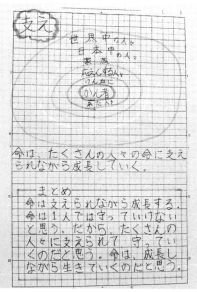

　Aさんは,はじめは命は大切という捉えをしていましたが,授業後はたくさんの命に支えられて成長していく命という気づきを得ることができました。
　評価に関しては,「児童生徒の側から見れば,自らの成長を実感し,意欲

の向上につなげていくもの」と言われているように，個人内の変容を子どもたちの具体像を通して記述することがポイントです。

そのためにも，授業内で何がわかったか，どのように意識が変容したかを子ども自身がきちんと捉え，自己評価できるような展開や板書が，今後ますます期待されるでしょう。

おおくくりな評価

「おおくくりな評価」ということが言われています。これはどういうことでしょうか。「道徳科の学習活動における児童生徒の具体的な取り組み状況を一定のまとまりの中で見取ること」の「一定の」をどのように捉えるかです。これには，
①一定の道徳授業の積み重ねから
②一定の期間の道徳授業と日常生活を見取りながら
の二つの解釈が可能です。

今のところ，道徳における評価は①の方を指すことが多いようですが，道徳の授業を起点にして日常生活に変容を期待するものが道徳教育であるとすれば，①は道徳授業のおおくくりな評価，②は道徳教育のおおくくりな評価とも言えるでしょう。

いずれにしても，授業内外でアンテナを張り，継続して子どもたちの取り組みを見取ることで，子どもに寄り添う評価が可能となるでしょう。

ポイント

- 評価は授業内の評価と，授業外の活動も含めた「おおくくりな評価」の双方を行いましょう。
- 適切な発問と板書構想による，「学びのある授業」を目指しましょう。
- 「授業」をきっかけとした日常生活の変容を見取りましょう。

【著者紹介】

加藤　宣行（かとう　のぶゆき）

筑波大学附属小学校教諭，筑波大学・淑徳大学講師。
スタントマン，スポーツインストラクター，公立小学校教諭を経て現職。
日本道徳基礎教育学会事務局長
KTO道徳授業研究会代表
光文書院「ゆたかな心」監修

【著書】

『加藤宣行の道徳授業　考え，議論する道徳に変える指導の鉄則50』明治図書出版，2017
『授業でそのまま使える！子どもがグーンと賢くなる　面白小話・道徳編』明治図書出版，2007
『道徳教育を変える教師の発問力』東洋館出版，2012
『実践から学ぶ　深く考える道徳授業』光文書院，2015
『子どもが，授業が，必ず変わる！「一期一会の道徳授業」』東洋館出版，2016

〔本文イラスト〕木村美穂

加藤宣行の道徳授業
考え，議論する道徳に変える発問＆板書の鉄則45

| 2018年3月初版第1刷刊 | ©著　者 | 加　藤　　宣　行 |
| 2021年8月初版第8刷刊 | 発行者 | 藤　原　光　政 |

発行所　明治図書出版株式会社
http://www.meijitosho.co.jp
（企画）茅野　現（校正）嵯峨裕子・宮森由紀子
〒114-0023　東京都北区滝野川7-46-1
振替00160-5-151318　電話03(5907)6701
ご注文窓口　電話03(5907)6668

＊検印省略　　組版所　藤原印刷株式会社

本書の無断コピーは，著作権・出版権にふれます。ご注意ください。

Printed in Japan　　　　ISBN978-4-18-197817-4
もれなくクーポンがもらえる！読者アンケートはこちらから　→

大好評発売中！

加藤宣行の道徳授業

考え、議論する道徳に変える 指導の鉄則50

筑波大学附属小学校
加藤宣行 著

●A5判・136頁 本体 1,900 円＋税 図書番号 1941

目次

1章 「考え，議論する道徳」に変える 押さえておきたい基礎・基本
2章 「考え，議論する道徳」に変える 指導の鉄則 50
- 01 教材を考える窓口にする
- 02 導入―展開―終末の基本的な流れを押さえる
- 03 1時間の時間設定を明確にする
- 04 導入で子どもたちの構えをつくる
- 05 導入と終末のまとめを連動させる　etc.

考え、議論する道徳授業を体現してきた著者渾身の一冊！

「考え、議論する道徳」への転換が求められているけれど、具体的にどんな授業をすればいいの？
そんな質問に、年間300時間以上、考え、議論する道徳をつくっている著者が回答。教材研究、授業展開、道徳ノート、評価など、考える道徳に変える鉄則を公開。

明治図書　携帯・スマートフォンからは **明治図書 ONLINE へ** 書籍の検索、注文ができます。▶▶▶
http://www.meijitosho.co.jp ＊併記4桁の図書番号（英数字）でHP、携帯での検索・注文が簡単に行えます。
〒114-0023 東京都北区滝野川7-46-1　ご注文窓口　TEL 03-5907-6668　FAX 050-3156-2790

＊価格は全て本体価格表示です。

大好評ALシリーズ、道徳編ついに刊行！

アクティブ・ラーニングを位置づけた特別の教科 道徳の授業プラン

小学校
昭和女子大学教授
元文部科学省教育課程課教科調査官
押谷由夫 編著
B5判／本体2,200円＋税
136頁／図書番号 2774

中学校
京都産業大学教授
元文部科学省教育課程課教科調査官
柴原弘志 編著
B5判／本体2,200円＋税
136頁／図書番号 2527

ＡＬが即実践できる！

3つの視点「深い学び」「対話的な学び」「主体的な学び」とのかかわりがよくわかるアクティブ・ラーニングの事例を低・中・高学年とも内容項目に沿って紹介。評価の基本的な考え方や、ポートフォリオ評価などの評価の具体的な手立てもくわしく解説しています。

【目次】
第1章 アクティブ・ラーニングを位置づけた
　　　特別の教科 道徳の授業づくり
第2章 アクティブ・ラーニングを位置づけた
　　　特別の教科 道徳の授業プラン
第3章 アクティブ・ラーニングを位置づけた
　　　特別の教科 道徳の授業の評価

明治図書　携帯・スマートフォンからは **明治図書ONLINE** へ　書籍の検索、注文ができます。▶▶▶
http://www.meijitosho.co.jp　＊併記4桁の図書番号（英数字）でHP、携帯での検索・注文が簡単に行えます。
〒114-0023　東京都北区滝野川7-46-1　ご注文窓口　TEL 03-5907-6668　FAX 050-3156-2790

道徳の評価がすべてわかる1冊！記入文例付きでお届け

「特別の教科 道徳」授業＆評価 完全ガイド
―通知表の記入文例付

田沼茂紀 編著

●B5判 ●144頁 ●本体2,300円＋税 ●図書番号1991

道徳が教科となり「評価」が話題になっています。本書は、「そもそも子どもの心を評価してよいの？」という根本的な問題の解説から、定番教材を用いた授業と評価の実践アイデア、通知表等へ記入する際の文例までを取り上げた、まさにパーフェクトな道徳評価解説本です！

新学習指導要領のねらいを具体化するパーフェクトガイド

平成28年版

新学習指導要領の展開
特別の教科 道徳編

小学校　永田繁雄 編著
中学校　柴原弘志 編著

●A5判
●208頁
●本体1,900円＋税
●小学校：図書番号2711
●中学校：図書番号2731

新学習指導要領の内容に沿いながら、教科書や評価といった道徳改訂のキーポイントについて詳しく解説。また、内容項目ごとの指導ポイントや問題解決的な学習を生かした新たな授業プランも掲載。

明治図書　携帯・スマートフォンからは **明治図書ONLINE** へ　書籍の検索、注文ができます。▶▶▶
http://www.meijitosho.co.jp　＊併記4桁の図書番号（英数字）でHP、携帯での検索・注文が簡単に行えます。
〒114-0023　東京都北区滝野川7-46-1　ご注文窓口　TEL 03-5907-6668　FAX 050-3156-2790

＊価格は全て本体価格表示です。